COUR DES PAIRS.

ATTENTAT DES 12 ET 13 MAI 1839.

RÉQUISITOIRE

DE M. LE PROCUREUR GÉNÉRAL.

COUR DES PAIRS.

AFFAIRE DES 12 ET 13 MAI 1839.

RÉQUISITOIRE

DE M. LE PROCUREUR GÉNÉRAL.

A Messieurs de la Chambre des Pairs constituée en Cour des Pairs en vertu de l'article 28 de la Charte constitutionnelle.

Messieurs,

L'information que vous avez prescrite par votre arrêt du 15 mai dernier a déjà reçu d'importants développements. Sur plusieurs points, et en ce qui concerne un certain nombre des inculpés, elle est complétement achevée. Votre commission vous en a fait connaître les résultats. Vous savez maintenant quels étaient l'origine et le but des attentats des 12 et 13 mai; dans quelles mystérieuses associations la conspiration a été ourdie, et par quelles sanglantes attaques elle a fait soudainement explosion. Convoqués à heure fixe dans le lieu de leurs réunions habituelles, les affiliés attendaient le signal de leurs chefs; des dépôts de munitions avaient été préparés; le pillage devait donner des armes. Rêvant la ruine non-seulement des institutions politiques de leur pays, mais encore des principes éternels sur lesquels les sociétés humaines ont toujours été appuyées, quelques centaines d'hommes, conduits par les conspirateurs obscurs qui les avaient ameutés, se tenaient prêts à promener dans la cité paisible la désolation et la mort. Bientôt l'ordre est donné; les bandes éparses se réunissent; les magasins d'un armurier sont envahis. On distribue des cartouches; une proclamation imprimée d'avance provoque ouvertement le peuple à la sédition, s'efforce, par les plus menteuses accusations, d'exciter sa haine et sa fureur contre la royauté, et ramène encore ces mots d'aristocratie et d'exploitation si souvent répétés par les fauteurs d'anarchie. Au bas de cette pièce, dans laquelle sont désignés les chefs sous lesquels l'armée républicaine va marcher, on mêle, par une imposture, aux noms inconnus des conspirateurs, des noms auxquels on suppose quelque popularité. Bientôt nos soldats, confiants comme en un jour de paix, au milieu d'une population amie, voient éclater autour d'eux une guerre imprévue; et, sommés de rendre leurs armes, qu'ils n'ont point eu le temps de charger, ils refusent, et tombent assassinés au poste du devoir et de l'honneur. L'Hôtel-de-Ville, la Préfecture de police, sont les deux points sur lesquels se dirigent d'abord les efforts des factieux.

Ils espèrent que, s'ils parviennent à s'emparer de ces deux principaux siéges de l'administration départementale, ils ébranleront la confiance publique, et donneront à un guet-apens sans portée l'apparence d'un mouvement populaire. Les gardes nationaux qui se trouvaient à l'Hôtel-de-Ville étaient en trop petit nombre pour tenter une résistance inutile; mais à la Préfecture de police les assaillants furent en quelques minutes repoussés et dispersés. La reprise du poste de l'Hôtel-de-Ville et l'enlèvement d'une barricade élevée à l'entrée de la rue Planche-Mibray acheva de les forcer à chercher un refuge dans ces quartiers de la ville qui avoisinent les rues Saint-Denis et Saint-Martin, et que les factieux ont coutume de choisir pour champ de bataille. Le désordre s'est étendu, d'une part, jusqu'au marché du Temple, et, de l'autre, jusqu'aux environs des halles et jusqu'aux rues Montorgueil et Tiquetonne. Quelques agressions ont même eu lieu, soit le 12, soit le 13 mai, dans quelques parties reculées du quartier du Marais, sur la place de la Bourse et dans les rues qui se croisent autour du théâtre Italien; c'est dans la rue d'Amboise qu'un coup de feu a grièvement blessé un officier supérieur, aide de camp de M. le Ministre de la guerre.

Partout la répression a été prompte, mais partout elle a été achetée par des pertes regrettables. Dans les rangs de la garde nationale, de la troupe de ligne, de la garde municipale, plusieurs des défenseurs de l'ordre public et des lois ont trouvé une mort digne d'eux, sans doute, et de l'uniforme qu'ils portaient, mais qui leur a été donnée par le crime, et que la justice doit venger. D'autres deuils non moins déplorables ont été la triste conséquence de ces combats allumés tout à coup au sein d'une cité paisible et au milieu d'une immense population. Des citoyens étrangers à l'attaque et à la défense, des femmes, de jeunes filles, ont été mortellement frappés jusque dans leurs foyers, et leur sang doit aussi retomber sur les promoteurs de ces coupables désordres.

Des individus en grand nombre ont été arrêtés comme inculpés d'avoir pris part, soit aux faits qui ont préparé l'attentat soit à ceux qui l'ont consommé. Mais si les imputations spéciales qui sont faites à chacun d'eux se résument sous la qualification générique d'attentat, elles reposent cependant sur des faits distincts, qui n'offrent rien d'identique, ni dans les circonstances qui les constituent, ni dans les éléments des preuves par lesquelles ils s'établissent, et ne peuvent avoir entre eux d'autres rapports que ceux de la connexité telle qu'elle est définie par l'article 227 du Code d'instruction criminelle. Il suit de là que la jonction des procédures, forcément séparées, dont ces individus et ces faits divers ont été l'objet, n'est pas une nécessité légale, et qu'elle ne peut être réclamée ni par le droit de l'accusation, ni par les convenances ou les intérêts légitimes de la défense; elle ne serait même possible, dans les juridictions ordinaires et d'après les dispositions de l'article 226 du Code d'instruction criminelle, que dans le cas où toutes ces procédures, en même temps achevées, se trouveraient en même temps soumises à la chambre d'accusation. Mais il y aurait violation, sinon des termes même de la loi, au moins de son intention et de son esprit, si, sous prétexte de la connexité d'un crime qu'une instruction complète permet de soumettre actuellement à la justice, avec d'autres crimes qui sont l'objet d'instructions encore pendantes, on retardait le jugement d'un premier procès dans le seul but de le réunir un jour à d'autres dans les mêmes débats et devant les mêmes juges. Cet intérêt l'emporte si peu, dans la pensée du législateur, sur ceux qui s'attachent à la facilité et à la promptitude du jugement, qu'aux termes de l'article 307 du Code précité, si plusieurs individus sont, à raison du même délit, accusés par des arrêts et des actes différents, la loi ne fait pas une obligation de la jonction, et donne seulement au procureur général la faculté de la requérir, au président la faculté de l'ordonner : tant il est vrai que, même dans ce cas, elle ne la regarde pas comme étant une condition indispensable de la justice ! Et cependant il s'agit, dans cet article 307, non pas seulement d'individus accusés de crimes ou de délits connexes, mais d'individus accusés du même crime ou du même délit ; à plus forte raison la jonction ne doit-elle pas paraître indispensable lorsque les prévenus n'ont pas à répondre sur le même fait, lorsqu'ils ne peuvent être légalement considérés comme complices, lorque les crimes qui leur sont imputés, tout en se rattachant à une origine commune, tout en marchant vers un but commun, sont cependant isolés ; souvent même exclusifs les uns des autres par le lieu, par le temps, par les circonstances et par les éléments de l'accusation, comme par ceux de la défense.

Ce qui est dans le vœu de la loi, lorsqu'il s'agit des crimes ou des délits dont les tribunaux ordinaires sont saisis, ne peut être méconnu dans les affaires déférées à votre haute juridiction. Ce qui a été fait sans difficulté et sans contestation à l'époque où les attentats commis au mois de juin 1832 ont été jugés par la cour d'assises du département de la Seine, ne peut devenir illégal et impossible quand il s'agit pour la Cour des Pairs de statuer sur les attentats de mai 1839. La procédure a été trouvée complète contre dix-neuf des inculpés : vous pouvez, en droit, Messieurs, ordonner leur mise en accusation immédiate; en fait, il vous appartient de décider s'il y a lieu de le faire. La discussion des charges qui s'élèvent contre chacun d'eux serait ici inutile; l'impartial exposé qui vous en a été fait par M. le rapporteur de votre commission suffit pleinement pour éclairer votre justice, et vous mettre à même de statuer en parfaite connaissance de cause.

La gravité des faits qui vous ont été signalés comme résultant de l'instruction n'a pu manquer de frapper vivement vos esprits. Vous avez vu, Messieurs, jusqu'à quels excès pouvaient être emportées ces associations secrètes, qui ne sont pas seulement conjurées pour le renversement des institutions établies, mais qui, considérant comme secondaires les questions de politique gouvernementale, s'attachent à saper la société dans ses bases, excitent contre le riche toutes les passions du pauvre, renouvellent ces doctrines extravagantes d'un nivellement absolu fondé sur le partage égal de tous les produits de la terre et de l'industrie, et recrutent des bandes armées pour marcher par des voies sanglantes à une conquête impossible. Elles ne se laissent vaincre ni par la surveillance active qui les poursuit sans relâche, ni par les arrêts qui les condamnent, ni même par la générosité qui leur pardonne. Elles engagent une lutte obstinée avec les lois dont la société s'est armée contre elles. Elles méprisent et défient tous les pouvoirs publics, et leurs chefs osent dire qu'ils ne relèvent plus de la justice sociale, comme s'il suffisait à un citoyen de nier son devoir pour s'en affranchir, et de se vanter d'un crime pour s'en absoudre.

Cette propagande, quelque active qu'elle pût être, a échoué en général contre la raison du peuple; mais quelques jeunes imaginations se laissent séduire, des ambitions s'allument, de fausses lumières égarent, et, d'un autre côté, la promesse d'un bouleversement social ne peut manquer de rallier tous ces hommes pervers, qui, sans aucun scrupule de morale ni d'humanité, acceptent toujours le combat en vue du butin. Pour ceux-ci la seule question est de savoir à quel moment les dangers de la lutte sont rachetés par les chances du succès. Il y a donc toujours un grave péril, non pas sans doute pour la stabilité du Gouvernement, mais pour la sûreté publique, et pour les intérêts précieux de cette grande cité, dans ces conspirations armées, dans ces agressions violentes, dont les citoyens ne peuvent d'abord comprendre ni l'origine, ni le but, où l'audace revêt l'apparence de la force, et que toutes les factions observent en se tenant prêtes à en profiter.

Ainsi, Messieurs, votre compétence s'établit sur la double base que vous lui avez constamment cherchée dans vos arrêts; car, d'une part, il s'agit de crimes que le Code pénal qualifie attentats, et qui rentrent dans la définition de ceux que l'article 4 de la loi du 11 avril 1834 attribue plus spécialement à votre juridiction; et, d'une autre part, ces attentats, par leur longue préméditation, par la diversité des moyens employés pour les préparer, par la témérité calculée de leur exécution, et les actes de cruauté odieux dont ils ont été partout accompagnés, présentent au plus haut point ces caractères de gravité par lesquels se motive aux yeux de tous la puissante intervention de cette justice, qui, planant au-dessus des factions, demeure inaccessible aux faiblesses qui s'en effrayent, comme aux colères qui s'en irritent, et sait être indulgente et sévère à propos.

Dans ces circonstances,

Le Procureur général requiert

Qu'il plaise à la Cour se déclarer compétente;

Et attendu qu'il résulte de l'instruction qu'en 1839 des attentats ont été préparés, concertés, arrêtés et commis, à Paris, dans le but, 1° de détruire et de changer le Gouvernement; 2° d'exciter les citoyens ou habitants à s'armer contre l'autorité royale; 3° d'exciter la guerre civile en armant ou en portant les citoyens ou habitants à s'armer les uns contre les autres;

Attendu qu'il en résulte charges suffisantes :

Premièrement, contre *Armand Barbès* :

1° D'avoir commis les attentats ci-dessus spécifiés, en prenant part, soit au concert qui les a précédés et préparés, soit aux faits qui les ont consommés;

2° D'avoir, à la même époque, commis, volontairement et avec préméditation, un homicide sur la personne du sieur *Drouineau*, lieutenant au 21° régiment de ligne;

Secondement, contre *Louis-Pierre-Théophile Nouguès*, d'avoir commis les attentats ci-dessus spécifiés, en prenant part, soit au concert qui les a précédés et préparés, soit aux faits qui les ont consommés;

Troisièmement, contre *Jacques-Henri Bonnet*, d'avoir commis les attentats ci-dessus spécifiés, en prenant part, soit au concert qui les a précédés et préparés, soit aux faits qui les ont consommés;

Quatrièmement, contre *Louis Roudil,* d'avoir commis les attentats ci-dessus spécifiés, en prenant part aux faits qui les ont consommés;

Cinquièmement, contre *Grégoire-Hippolyte Guilbert,* d'avoir commis les attentats ci-dessus spécifiés, en prenant part aux faits qui les ont consommés;

Sixièmement, contre *Joseph Delsade,* d'avoir commis les attentats ci-dessus spécifiés, en prenant part aux faits qui les ont consommés;

Septièmement, contre *Pierre-Antoine Mialon,* déjà condamné à une peine afflictive et infamante, 1° d'avoir commis les attentats ci-dessus spécifiés, en prenant part aux faits qui les ont consommés; 2° d'avoir, à la même époque, commis volontairement, avec préméditation et de guet-apens, un homicide sur la personne du maréchal des logis *Jonas;*

Huitièmement, contre *Rudolphe-Auguste Austen,* d'avoir commis les attentats ci-dessus spécifiés, en prenant part aux faits qui les ont consommés;

Neuvièmement, contre *Jean-Louis Lemière,* dit *Albert,* d'avoir commis les attentats ci-dessus spécifiés, en prenant part aux faits qui les ont consommés;

Dixièmement, contre *Joseph Walch,* d'avoir commis les attentats ci-dessus spécifiés, en prenant part aux faits qui les ont consommés;

Onzièmement, contre *Lucien-Firmin Philippet,* d'avoir commis les attentats ci-dessus spécifiés, en prenant part, soit au concert qui les a précédés et préparés, soit aux faits qui les ont consommés;

Douzièmement, contre *Jean-Baptiste Lebarzic,* d'avoir commis les attentats ci-dessus spécifiés, en prenant part, soit au concert qui les a précédés et préparés, soit aux faits qui les ont consommés;

Treizièmement, contre *Florent Dugas*, d'avoir commis les attentats ci-dessus spécifiés, en prenant part aux faits qui les ont consommés;

Quatorzièmement, contre *Jules Longuet*, d'avoir commis les attentats ci-dessus spécifiés, en prenant part aux faits qui les ont consommés;

Quinzièmement, contre *Pierre-Noël Martin*, d'avoir commis les attentats ci-dessus spécifiés, en prenant part aux faits qui les ont consommés;

Seizièmement enfin, contre *Auguste Blanqui*, *Martin Bernard*, *Georges Meillard* et *Doy*, ces quatre derniers inculpés en fuite, d'avoir commis les attentats ci-dessus spécifiés, en prenant part, soit au concert qui les a précédés et préparés, soit aux faits qui les ont consommés;

Crimes connexes prévus par les articles 87, 88, 89, 91, 295, 296, 297, 298 et 302 du Code pénal;

Mettre en accusation lesdits *Barbès*, *Nouguès*, *Bonnet*, *Roudil*, *Guilbert*, *Delsade*, *Mialon*, *Austen*, *Lemière*, *Walch*, *Philippet*, *Lebarzic*, *Dugas*, *Longuet*, *Pierre-Noël Martin*, *Blanqui*, *Martin Bernard*, *Meillard* et *Doy*;

Ordonner que lesdits accusés seront pris au corps et conduits dans telle maison de justice qui sera désignée par la Cour, pour être ultérieurement jugés par elle, au jour qu'il lui plaira déterminer.

Fait à Paris, au parquet de la Cour des Pairs,

Le 11 juin 1839.

Le Procureur général,

Signé FRANCK CARRÉ.

COUR DES PAIRS.

AFFAIRE DES 12 ET 13 MAI 1839.

ARRET
DU MERCREDI 12 JUIN 1839.

COUR DES PAIRS.

AFFAIRE DES 12 ET 13 MAI 1839.

ARRÊT
DU MERCREDI 12 JUIN 1839.

La Cour des Pairs :

Ouï dans la séance du 11 de ce mois, M. *Mérilhou*, en son rapport de l'instruction ordonnée par l'arrêt du 15 mai dernier;

Ouï dans la même séance et dans celle du lendemain, le Procureur général du Roi, en ses dires et réquisitions; lesquelles réquisitions, par lui déposées sur le bureau de la Cour, signées de lui, sont ainsi conçues :

RÉQUISITOIRE DU 11 JUIN 1839.

« Le Procureur général requiert

« Qu'il plaise a la Cour se déclarer compétente;

« Et attendu qu'il résulte de l'instruction qu'en 1839

« des attentats ont été préparés, concertés, arrêtés et
« commis à Paris, dans le but, 1° de détruire et de
« changer le Gouvernement; 2° d'exciter les citoyens ou
« habitants à s'armer contre l'autorité royale; 3° d'exci-
« ter la guerre civile en armant ou en portant les
« citoyens ou habitants à s'armer les uns contre les
« autres;

« Attendu qu'il en résulte charges suffisantes :

« Premièrement, contre *Armand Barbès :*
« 1° D'avoir commis les attentats ci-dessus spécifiés,
« en prenant part, soit au concert qui les a précédés et
« préparés, soit aux faits qui les ont consommés;
« 2° D'avoir, à la même époque, commis, volontaire-
« ment et avec préméditation, un homicide sur la per-
« sonne du sieur *Drouineau,* lieutenant au 21e régiment
« de ligne;

« Secondement, contre *Louis-Pierre-Théophile Nou-*
« *guès,* d'avoir commis les attentats ci-dessus spécifiés,
« en prenant part, soit au concert qui les a précédés et
« préparés, soit aux faits qui les ont consommés;

« Troisièmement, contre *Jacques-Henri Bonnet,* d'a-
« voir commis les attentats ci-dessus spécifiés, en prenant
« part, soit au concert qui les a précédés et préparés,
« soit aux faits qui les ont consommés;

« Quatrièmement, contre *Louis Roudil,* d'avoir com-
« mis les attentats ci-dessus spécifiés, en prenant part
« aux faits qui les ont consommés;

« Cinquièmement, contre *Grégoire-Hippolyte Guil-*
« *bert,* d'avoir commis les attentats ci-dessus spécifiés,
« en prenant part aux faits qui les ont consommés,

«Sixièmement, contre *Joseph Delsade*, d'avoir com-
« mis les attentats ci-dessus spécifiés, en prenant part
« aux faits qui les ont consommés;

«Septièmement, contre *Pierre-Antoine Mialon*, déjà
« condamné à une peine afflictive et infamante, 1° d'avoir
« commis les attentats ci-dessus spécifiés, en prenant
« part aux faits qui les ont consommés; 2° d'avoir, à la
« même époque, commis volontairement, avec prémédi-
« tation et de guet-apens, un homicide sur la personne
« du maréchal des logis *Jonas ;*

«Huitièmement, contre *Rudolphe-Auguste Austen*,
« d'avoir commis les attentats ci-dessus spécifiés, en pre-
« nant part aux faits qui les ont consommés;

«Neuvièmement, contre *Jean-Louis Lemière*, dit
« *Albert*, d'avoir commis les attentats ci-dessus spécifiés,
« en prenant part aux faits qui les ont consommés;

«Dixièmement, contre *Joseph Walch*, d'avoir com-
« mis les attentats ci-dessus spécifiés, en prenant part aux
« faits qui les ont consommés;

«Onzièmement, contre *Lucien-Firmin Philippet*,
« d'avoir commis les attentats ci-dessus spécifiés, en pre-
« nant part, soit au concert qui les a précédés ou pré-
« parés, soit aux faits qui les ont consommés;

«Douzièmement, contre *Jean-Baptiste Lebarzic*,
« d'avoir commis les attentats ci-dessus spécifiés, en pre-
« nant part, soit au concert qui les a précédés et prépa-
« rés, soit aux faits qui les ont consommés;

«Treizièmement, contre *Florent Dugas*, d'avoir com-

« mis les attentats ci-dessus spécifiés, en prenant part
« aux faits qui les ont consommés ;

« Quatorzièmement, contre *Jules Longuet*, d'avoir
« commis les attentats ci-dessus spécifiés, en prenant
« part aux faits qui les ont consommés ;

« Quinzièmement, contre *Pierre-Noël Martin*, d'avoir
« commis les attentats ci-dessus spécifiés, en prenant
« part aux faits qui les ont consommés ;

« Seizièmement enfin, contre *Auguste Blanqui*, *Mar-*
« *tin Bernard*, *Georges Meillard* et *Doy*, ces quatre
« derniers inculpés en fuite, d'avoir commis les attentats
« ci-dessus spécifiés, en prenant part, soit au concert
« qui les a précédés et préparés, soit aux faits qui les
« ont consommés ;

« Crimes connexes prévus par les articles 87, 88,
« 89, 91, 295, 296, 297, 298 et 302 du Code pénal;

« Mettre en accusation lesdits *Barbès*, *Nouguès*,
« *Bonnet*, *Roudil*, *Guilbert*, *Delsade*, *Mialon*, *Aus-*
« *ten*, *Lemière*, *Walch*, *Philippet*, *Lebarzic*, *Dugas*,
« *Longuet*, *Pierre-Noël Martin*, *Blanqui*, *Martin*
« *Bernard*, *Meillard* et *Doy* ;

« Ordonner que lesdits accusés seront pris au corps
« et conduits dans telle maison de justice qui sera dési-
« gnée par la Cour, pour être ultérieurement jugés par
« elle, au jour qu'il lui plaira déterminer.

« Fait à Paris, au parquet de la Cour des Pairs,
« Le 11 juin 1839.

« *Le Procureur général,*

« Signé FRANCK CARRÉ. »

RÉQUISITOIRE DU 12 JUIN 1839.

« Le Procureur général du Roi près la Cour « des Pairs,

« Vu les pièces de la procédure instruite contre *Eu-* « *gène Marescal, Aimé Pierné* et *Louis-Nicolas Gré-* « *goire ;*

« Attendu que ces instructions sont aujourd'hui com- « plètes ; attendu qu'il en résulte charges suffisantes « contre les susnommés d'avoir, au mois de mai 1839, « commis des attentats ayant pour but : 1° de détruire « et de changer le Gouvernement ; 2° d'exciter les ci- « toyens à s'armer contre l'autorité royale ; 3° d'exciter « la guerre civile, en armant et en portant les citoyens « à s'armer les uns contre les autres ; en prenant part « aux faits qui ont consommé lesdits attentats ;

« Crimes prévus par les articles 87, 88 et 91 du Code « pénal :

« Requiert qu'il plaise à la Cour mettre les susnom- « més en accusation ; ordonner en conséquence qu'ils « seront pris au corps et conduits en telle maison de « justice qu'il plaira à la Cour désigner, pour être ulté- « rieurement jugés au jour qui sera fixé par la Cour.

« Fait au parquet de la Cour des Pairs, le 12 juin « 1839.

« *Le Procureur général du Roi,*
« Signé Franck Carré. »

Après qu'il a été donné lecture, par le greffier en chef et son adjoint, des pièces de la procédure, et après en avoir délibéré hors la présence du procureur général, dans la séance d'hier et dans celle de ce jour;

En ce qui touche la question de compétence :

Attendu qu'il appartient à la Cour d'apprécier si les faits qui lui ont été déférés par l'ordonnance royale du 14 mai dernier, et qui sont imputés aux inculpés dénommés dans les réquisitoires du procureur général du Roi, rentrent dans la classe des attentats prévus et définis par les articles 87 et suivants du Code pénal, et par l'article 4, § 1er, de la loi du 10 avril 1834, et dont l'article 28 de la Charte constitutionnelle attribue la connaissance à la Chambre des Pairs.

Attendu que la simultanéité des mêmes agressions sur divers points de la capitale, la part qu'y ont prise des associations illicites, la nature des moyens par lesquels ces agressions ont été préparées, le concert qui aurait existé entre les inculpés, leurs fauteurs et complices, le but publiquement avoué de renverser la constitution de l'État par la violence et la guerre civile, caractérisent le crime d'attentat contre la sûreté de l'État, défini par l'article ci-dessus cité du Code pénal, et impriment au plus haut degré à ce crime le caractère de gravité qui doit déterminer la Cour à en retenir la connaissance.

Attendu que la procédure, dont les pièces sont produites devant la Cour, est complète à l'égard des dénommés aux réquisitoires du procureur général, que dès lors il y a lieu de statuer sur ce qui les concerne.

Au fond :

En ce qui concerne :

Barbès (Armand),
Nouguès (Pierre-Louis-Théophile),

Bonnet (Jacques-Henri),
Roudil (Louis),
Guilbert (Grégoire-Hippolyte),
Delsade (Joseph),
Mialon (Jean-Antoine),
Austen (Rudolphe-Auguste-Florence),
Lemière (Jean-Louis), dit *Albert;*
Walch (Joseph),
Philippet (Lucien-Firmin),
Lebarzic (Jean-Baptiste),
Dugas (Florent),
Longuet (Jules),
Martin (Pierre-Noël),
Marescal (Eugène),
Pierné (Aimé),
Grégoire (Louis-Nicolas),
Blanqui (Louis-Auguste), absent;
Bernard (Martin), absent;
Meillard, absent;
Doy, absent;

Attendu que de l'instruction résultent contre eux charges suffisantes d'avoir commis, à Paris, au mois de mai dernier, un attentat dont le but était, soit de détruire, soit de changer le Gouvernement, soit d'exciter les citoyens ou habitants à s'armer contre l'autorité royale, soit d'exciter la guerre civile en armant ou en portant les citoyens ou habitants à s'armer les uns contre les autres;

Crimes prévus par les articles 87, 88, 89 et 91 du Code pénal;

En ce qui concerne *Barbès (Armand)*:

Attendu que de l'instruction résultent contre lui

charges suffisantes d'avoir, le 12 mai dernier et dans l'exécution dudit attentat, commis, avec préméditation, un meurtre sur la personne du sieur *Drouineau*, lieutenant au 21ᵉ régiment de ligne;

Crime prévu par les articles 295, 296, 297, 298 et 302 du Code pénal;

En ce qui concerne *Mialon (Jean-Antoine)*, déjà condamné à une peine afflictive et infamante:

Attendu que de l'instruction résultent contre lui charges suffisantes d'avoir, le 12 mai dernier, commis, avec préméditation, un meurtre sur la personne du maréchal des logis *Jonas;*

Crime prévu par les articles 295, 296, 297, 298 et 302 du Code pénal,

La Cour se déclare compétente:

Ordonne la mise en accusation de:

Barbès (Armand),
Nouguès (Pierre-Louis-Théophile),
Bonnet (Jacques-Henri),
Roudil (Louis),
Guilbert (Grégoire-Hippolyte),
Delsade (Joseph).
Mialon (Jean-Antoine),
Austen (Rudolphe-Auguste-Florence),
Lemière (Jean-Louis) dit *Albert,*
Walch (Joseph),
Philippet (Lucien-Firmin),
Lebarzic (Jean-Baptiste),
Dugas (Florent),
Longuet (Jules),

Martin *(Pierre-Noël)*,
Marescal *(Eugène)*,
Pierné *(Aimé)*,
Grégoire *(Louis-Nicolas)*,
Blanqui *(Louis-Auguste)*, absent;
Bernard *(Martin)*, absent;
Meillard, absent;
Et *Doy,* absent,

Ordonne en conséquence que lesdits :

Barbès (Armand), dit *Durocher,* âgé de 29 ans, sans profession, né à la Pointe-à-Pitre (Guadeloupe), demeurant à Fourton, près Carcassonne (Aude); taille d'un mètre 80 centimètres, cheveux et sourcils châtain foncé, front haut, yeux bruns, nez long, bouche moyenne, menton rond, visage long;

Nouguès (Pierre-Louis-Théophile), âgé de 23 ans, imprimeur, né à Paris, y demeurant, rue de la Bûcherie, n° 15, taille d'un mètre 71 centimètres, cheveux et sourcils bruns, front large, yeux bruns, nez moyen, bouche moyenne, menton rond, visage ovale, barbe roussâtre ;

Bonnet (Jacques-Henri), âgé de 28 ans, graveur, né à Genève, demeurant à Paris, rue Bourg-l'Abbé, n° 16, taille d'un mètre 75 centimètres, cheveux et sourcils blond-foncé, front haut, yeux bleus, nez ordinaire, bouche moyenne, menton rond, visage long; large signe brun au coude droit;

Roudil (Louis), âgé de 19 ans, ouvrier en parapluies, né à Ruines (Cantal), demeurant à Paris, rue Michel-le-Comte, n° 28; taille de 1 mètre 67 centimètres, cheveux et sourcils châtains, front moyen et carré, yeux bruns, nez gros, bouche moyenne, menton rond, visage ovale; une grosseur à la joue droite;

Guilbert (*Grégoire-Hippolyte*), âgé de 37 ans, corroyeur, né à Breteuil (Oise), demeurant à Paris, rue Neuve-d'Angoulême, n° 10; taille d'un mètre 68 centimètres, cheveux et sourcils blonds, front moyen, yeux bleus, nez fort, bouche moyenne, menton rond, visage ovale, barbe blond-roux;

Delsade (*Joseph*), âgé de 32 ans, tabletier, né à Romain (Moselle), demeurant à Paris, place de la Rotonde, n° 84; taille d'un mètre 67 centimètres, cheveux et sourcils châtain-clair, front moyen, yeux bruns, nez moyen et pointu, bouche moyenne, menton rond, visage ovale, barbe brune;

Mialon (*Jean-Antoine*), âgé de 56 ans, terrassier, né au Petit-Fressanet (Haute-Loire), demeurant à Paris, quai Napoléon, n° 29; taille d'un mètre 54 centimètres, cheveux et sourcils châtains, front moyen, yeux gris-brun, nez fort et aquilin, bouche grande, menton rond, visage ovale, favoris roux;

Austen (*Rudolphe-Auguste-Florence*), âgé de 23 ans, bottier, né à Dantzik, demeurant à Paris, rue de la Haumerie, n° 6; taille d'un mètre 76 centimètres, cheveux et sourcils blonds, front moyen, yeux bleus, nez moyen, bouche moyenne, menton rond, visage long, barbe blonde;

Lemière (*Jean-Louis*), dit *Albert*, âgé de 23 ans, tabletier, né à Sèvres (Seine), demeurant à Paris, rue Guérin-Boisseau, n° 8; taille d'un mètre 56 centimètres, cheveux et sourcils bruns, front moyen, yeux gris, nez gros, bouche saillante, menton pointu, visage ovale, barbe brune;

Walch (*Joseph*), âgé de 27 ans, menuisier, né à Sultz (Haut-Rhin), demeurant à Paris, rue Saint-Ambroise, n° 8; taille d'un mètre 76 centimètres, cheveux et sourcils bruns, front moyen, yeux bruns, nez moyen, bouche moyenne, menton rond, visage large;

Philippet (*Lucien-Firmin*), âgé de 40 ans, cordier, né au Petit-Crève-Cœur (Oise), demeurant aux Batignolles, rue Saint-Louis, n° 30; taille d'un mètre 70 centimètres, cheveux blonds et ras, sourcils blonds, front moyen, yeux bleus, nez long, bouche moyenne, menton rond, visage ovale, barbe rousse;

Lebarzic (*Jean-Baptiste*), âgé de 23 ans, chauffeur dans une filature de coton, né à Saint-Mandé (Seine), demeurant à Paris, rue Lenoir, n° 9; taille d'un mètre 79 cent., cheveux et sourcils noirs, front large, yeux bruns, nez moyen, bouche moyenne, menton rond, visage ovale;

Dugas (*Florent*), âgé de 34 ans, menuisier-mécanicien, né à Chateaudun (Eure-et-Loir), demeurant à Paris, rue Basfroy, n° 12; taille d'un mètre 60 cent., cheveux et sourcils châtains, front bas, yeux gris-bleu, nez moyen, bouche petite, menton court, visage ovale; une cicatrice au gras de la jambe droite et une autre au milieu du dos;

Longuet (*Jules*), âgé de 23 ans, commis-voyageur, né à Saint-Quentin (Aisne), demeurant à Paris, rue Quincampoix, n° 11; taille d'un mètre 64 cent., cheveux et sourcils châtains, front haut, yeux bleus, nez gros, bouche moyenne, menton rond, visage ovale;

Martin (*Pierre-Noël*), âgé de 19 ans, cartonnier, né à Paris, y demeurant, rue de Bretagne, n° 2; taille d'un mètre 62 centimètres, cheveux et sourcils blonds, front droit, yeux gris-bleu, nez moyen, bouche moyenne, menton rond, visage ovale;

Marescal (*Eugène*), âgé de 33 ans, ouvrier en décors, né à Caen (Calvados), demeurant à Paris, rue de la Calandre, n° 22; taille d'un mètre 77 centimètres, cheveux et sourcils bruns, front moyen, yeux bruns, nez moyen, bouche moyenne, menton à fossette, visage ovale, favoris roux;

Pierné (*Aimé*), âgé de 18 ans, chaussonnier, né à Saint-Avold (Moselle), demeurant à Paris, rue de Montreuil, n° 31; taille d'un mètre 72 centimètres, cheveux et sourcils bruns, front rond, yeux bruns, nez moyen, bouche moyenne, menton rond, visage plein;

Grégoire (*Louis-Nicolas*), âgé de 40 ans, fabricant de paillassons, né à Saint-Cloud (Seine-et-Oise), demeurant à Paris, rue des Lyonnais, n° 7;

Blanqui (*Louis-Auguste*), âgé de 32 à 34 ans, homme de lettres, né en Italie, demeurant à Gercy, près Pontoise (Seine-et-Oise); taille de 5 pieds 1 pouce, cheveux et sourcils châtains, front haut, yeux bruns, nez aquilin, bouche un peu grande, menton rond, visage allongé;

(Absent)

Bernard (*Martin*), âgé de 30 ans environ, imprimeur, né à Montbrison (Loire), demeurant à Paris, rue Hautefeuille, n° 9; taille de 5 pieds 5 pouces, che-

veux et sourcils blonds, front ordinaire, yeux bleus, nez petit, bouche moyenne, menton rond, visage ovale;
(Absent)

Meillard (*Jean* ou *Georges*), âgé de 20 à 22 ans, graveur, né à Genève, demeurant à Paris, rue Bourg-l'Abbé, n° 16; taille de 5 pieds 3 pouces, cheveux et sourcils blonds, yeux gris, visage maigre;
(Absent)

Doy (*Pierre*), âgé de 28 ans, graveur, né à Genève, demeurant à Paris, rue Bourg-l'Abbé, n° 16;
(Absent)

Seront pris au corps et conduits dans la maison d'arrêt que la Cour autorise le Président à désigner ultérieurement pour servir de maison de justice près d'elle;

Ordonne que le présent arrêt sera notifié, à la diligence du procureur général, à chacun des accusés;

Ordonne que les débats s'ouvriront au jour qui sera ultérieurement indiqué par le Président de la Cour, et dont il sera donné connaissance, au moins cinq jours à l'avance, à chacun des accusés;

Ordonne que le présent arrêt sera exécuté à la diligence du procureur général du Roi.

Fait et délibéré à Paris, le mercredi 12 juin 1839, en la chambre du conseil, où siégeaient:

M. le Baron Pasquier, Chancelier de France, Président;

MM.

Le Duc de Mortemart, le Duc de Montmorency, le Maréchal Duc de Reggio, le Comte Lemercier, le Duc de Castries, le Duc de Caraman, le Comte Molé, le Marquis de Mathan, le Comte Ricard, le Baron

Séguier, le Comte de Noé, le Comte de la Roche-Aymon, le Duc de Massa, le Duc Decazes, le Comte Claparède, le Baron Mounier, le Comte Reille, le Comte de Sparre, le Comte de Germiny, le Comte de la Villegontier, le Baron Dubreton, le Comte de Bastard, le Marquis de Pange, le Comte Portalis, le Duc de Crillon, le Comte Siméon, le Comte de Tascher, le Comte de Breteuil, le Comte Dejean, le Vicomte Dode, le Vicomte Dubouchage, le Duc de Brancas, le Comte de Montalivet, le Comte Cholet, le Duc de Montebello, le Comte Lanjuinais, le Marquis de Laplace, le Duc d'Istrie, le Duc de Périgord, le Marquis de Crillon, le Marquis Barthélemy, le Marquis d'Aux, le Comte de Bondy, le Baron Davillier, le Comte Gilbert de Voisins, le Comte d'Anthouard, le Comte de Caffarelli, le Comte Excelmans, le Comte de Flahault, le Vice-Amiral Comte Jacob, le Vicomte Rogniat, le Comte Philippe de Ségur, le Comte Perregaux, le Baron de Lascours, le Comte Roguet, le Comte de la Rochefoucauld, le Comte Gazan, Girod (de l'Ain), le Baron Atthalin, Aubernon, Besson, le Président Boyer, Cousin, le Comte Desroys, le Comte Dutaillis, le Baron de Fréville, Gautier, le Comte Heudelet, le Baron Malouet, le Comte de Montguyon, le Baron Thénard, Tripier, le Comte de Turgot, le Baron Zangiacomi, le Comte de Ham, le Comte Bérenger, le Baron Berthezène, le Comte de Colbert, le Comte de La Grange, Félix Faure, le Comte de Labriffe, le Comte Daru, le Baron Neigre, le Baron Saint-Cyr-Nugues, le Baron Duval, le Comte de Beaumont, le Baron Brayer, le Baron de Reinach, le Comte de Rumigny, Barthe, le Comte d'Astorg, le Baron Brun de Villeret, de

Cambacérès, le Vicomte de Chabot, le Marquis de Cordoue, le Baron Feutrier, le Baron Fréteau de Peny, le Comte Pernety, de Ricard, le Comte de la Riboisière, le Marquis de Rochambeau, le Comte de Saint-Aignan, le Vicomte Siméon, le Comte de Lezay-Marnézia, le Comte de Rambuteau, le Baron Mortier, De Bellemare, le Baron de Morogues, le Baron Voysin de Gartempe, le Duc de Cadore, le Marquis d'Andigné de la Blanchaye, le Marquis d'Audiffret, le Comte de Monthion, le Marquis de Chanaleilles, Chevandier, le Baron Darriule, le Baron Delort, le Baron Dupin, le Comte Durosnel, le Marquis d'Escayrac de Lauture, le Comte d'Harcourt, le Baron Jacquinot, Kératry, le Comte d'Audenarde, le Vice-Amiral Halgan, le Comte Marchand, Mérilhou, le Comte de Mosbourg, Odier, le Baron Pelet, le Baron Pelet de la Lozère, Périer, le Baron Petit, le Chevalier Tarbé de Vauxclairs, le Vicomte Tirlet, le Vicomte de Villiers du Terrage, le Vice-Amiral Willaumez, le Baron de Gérando, le Baron Rohault de Fleury, Laplagne-Barris, Rouillé de Fontaine, le Baron de Daunant, le Marquis de Cambis d'Orsan, le Comte Harispe, le Vicomte de Jessaint, le Baron de Saint-Didier, le Vicomte de Rosamel, le Baron Nau de Champlouis, Gay-Lussac, le Vicomte Schramm; lesquels ont signé, avec le greffier en chef, la minute du présent arrêt.

Pour expédition conforme:

Le Greffier en chef, E. CAUCHY.

COUR DES PAIRS.

ATTENTAT DES 12 ET 13 MAI 1839.

ACTE D'ACCUSATION.

ACTE D'ACCUSATION.

Le Procureur général du Roi près la Cour des Pairs

Expose que, par arrêt du mercredi 12 juin 1839, la Cour a ordonné la mise en accusation

Des nommés :

1. Barbès (Armand), dit Durocher, sans profession, âgé de 29 ans, né à la Pointe-à-Pitre (Guadeloupe), domicilié à Fourtoul, près Carcassonne (Aude);

2. Nouguès (Pierre-Louis-Théophile), imprimeur, âgé de 23 ans, né à Paris, y demeurant, rue de la Bûcherie, n° 15;

3. Bonnet (Jacques-Henri), graveur, âgé de 28 ans, né à Genève, demeurant à Paris, rue Bourg-l'Abbé, n° 16;

4. Roudil (Louis), ouvrier en parapluies, âgé de 19 ans, né à Ruines (Cantal), demeurant à Paris, rue Michel-le-Comte, n° 28;

5. Guilbert (Hippolyte-Grégoire), corroyeur, âgé de 37 ans, né à Breteuil (Oise), demeurant à Paris, rue Neuve-d'Angoulême, n° 10;

6. Delsade (Joseph), tabletier, âgé de 32 ans, né à Romain (Moselle), demeurant à Paris, place de la Rotonde, n° 84;

7. Mialon (Jean-Antoine), terrassier, âgé de 56 ans, né au Petit-Fressonnet (Haute-Loire), demeurant à Paris, quai Napoléon, n° 29;

8. Austen (Rodolphe-Auguste-Florence), bottier, âgé de 23 ans, né à Dantzick, demeurant à Paris, rue de la Heaumerie, n° 6;

9. LEMIÈRE (Jean-Louis), dit ALBERT, dit JOSEPH, tabletier, âgé de 23 ans, né à Sèvres (Seine), demeurant à Paris, rue Guérin-Boisseau, n° 8 ;

10. WALCH (Joseph), menuisier, âgé de 27 ans, né à Sutez (Haut-Rhin), demeurant à Paris, rue Saint-Ambroise, n° 8 ;

11. PHILIPPET (Lucien-Firmin), cordier, âgé de 40 ans, né au Petit-Crève-Cœur (Oise), demeurant aux Batignolles, rue Saint-Louis, n° 31 ;

12. LEBARZIC (Jean-Baptiste), chauffeur dans la filature de M. Lafleur, âgé de 23 ans, né à Saint-Mandé (Seine), demeurant à Paris, rue Lenoir, n° 9 ;

13. DUGAST (Florent), menuisier-mécanicien, âgé de 34 ans, né à Châteaudun (Eure-et-Loir), demeurant à Paris, rue Basfroy, n° 12 ;

14. LONGUET (Jules), commis-voyageur, âgé de 23 ans, né à Saint-Quentin (Aisne), demeurant à Paris, rue Quincampoix, n° 11;

15. MARTIN (Pierre-Noël), cartonnier, âgé de 19 ans, né à Paris, y demeurant rue de Bretagne, n° 2 ;

16. MARESCAL (Eugène), ouvrier en ornements, âgé de 33 ans, né à Caen (Calvados), demeurant à Paris, rue de la Calandre, n° 22 ;

17. PIERNÉ (Aimé), chaussonnier, âgé de 18 ans, né à Saint-Avold (Moselle), demeurant à Paris, rue de Montreuil, n° 31;

18. GRÉGOIRE (Louis-Nicolas), paillassonnier, âgé de 40 ans, né à Saint-Cloud (Seine-et-Oise), demeurant à Paris, rue des Lyonnais, n° 7 ;

19. BLANQUI (Louis-Auguste), — ABSENT ;

20. BERNARD (Martin), — ABSENT ;

21. MEILLARD (Georges), — ABSENT ;

22. Et DOY, — ABSENT,

Et les a renvoyés devant ladite Cour, pour y être jugés conformément à la loi.

Déclare, le procureur général, que, de l'instruction et des pièces de la procédure, résultent les faits suivants :

Le 12 mai dernier, un odieux attentat vint troubler tout à coup le repos de la capitale et compromettre la sûreté de ses habitants. Ce n'était pas le résultat de l'une de ces émotions soudaines qui passionnent quelquefois une multitude aveugle et irritée, et lui font méconnaître pour un moment l'autorité des lois et des magistrats; ce n'était pas non plus l'agression violente d'un parti qui croit en sa force, et lève avec audace, sous des chefs et dans un but avoués, l'étendard de la révolte. La ville était calme ; les citoyens se livraient paisiblement aux loisirs d'un jour de fête. Le pays, fortement attaché aux institutions qui le protégent, n'offre aucune prise aux factions qu'il déteste, et dont il a depuis longtemps flétri, par son indignation et par son mépris, les impuissantes fureurs.

Aussi, quand le premier bruit de l'attentat se répandit dans la cité, quand on y apprit que des soldats préposés à sa garde avaient été traîtreusement égorgés, que des attaques avaient été dirigées contre la Préfecture de police et l'Hôtel-de-Ville, que certains quartiers, enfin, se transformaient en champs de bataille sous les yeux de leur population consternée, on se demanda, avec plus d'anxiété que d'effroi, quels étaient les coupables auteurs de ce guet-apens, sur quelles ressources ils comptaient, quel était leur espoir et de quels obscurs conciliabules ils surgissaient tout à coup pour tremper leurs mains dans le sang de leurs concitoyens.

C'est à ces questions qu'il importe, avant tout, de satisfaire. La présente accusation ne comprend, ni tous les crimes commis dans les journées des 12 et 13 mai dernier, ni tous les hommes auxquels la haute justice de la Cour des Pairs doit en demander compte; mais, si l'attentat se divise nécessairement dans le détail de son exécution, si les différents individus auxquels on impute d'y avoir concouru, ne doivent répondre que de la part qu'ils y ont prise, cet attentat se rattache cependant à des faits d'un autre ordre dont l'exposé préliminaire est indispensable pour en faire comprendre la nature, l'origine et le but.

En 1834, à l'époque où la loi qui prohibe les associations a été promulguée, la société des *Droits de l'homme et du Citoyen,* qui s'annonçait hautement comme le foyer d'une propagande républicaine, et qui recrutait en secret pour la révolte armée et pour la guerre civile, avait acquis une consistance dangereuse. Imposant à ses adeptes comme un symbole absolu la déclaration des droits présentée, en 1793, à la Convention par Maximilien Robespierre, et proclamant la nécessité non-seulement d'un changement de forme gouvernementale, mais encore d'une révolution dans l'organisation sociale, elle s'était attachée à fomenter toutes les passions envieuses et cupides que peut faire naître l'inégalité des conditions, et elle avait incessamment présenté l'insurrection comme un devoir sacré, et la force comme la dernière raison.

C'est ainsi qu'elle alluma les séditions qui, au mois d'avril 1834, ensanglantèrent les rues de Lyon et de Paris : après avoir organisé et livré ces détestables combats, elle fut dissoute plus encore peut-être par l'exécration publique dont elle fut frappée, que par le châtiment ou l'exil de ses meneurs principaux. Mais les doctrines subversives qu'elle avait contribué à répandre ne pouvaient pas être facilement étouffées dans leurs germes, et elles devaient faire de nouveaux séides et de nouvelles victimes.

Des débris de la société des *Droits de l'homme* se formèrent bientôt de nouvelles associations, fondées sur les mêmes idées, armées dans le même but, mais s'efforçant de s'envelopper des ombres les plus épaisses. Leur existence, révélée en 1835 par une lettre écrite à l'un des inculpés dans l'attentat d'avril 1834, fut certifiée, au mois de février 1836, par les dernières déclarations du condamné *Pepin,* complice de *Fieschi. Pepin* convenait avoir été lui-même initié à l'une de ces associations ténébreuses, dans laquelle on jurait haine à la royauté, et qui avait pour but le renversement du Gouvernement établi. Au nombre de ceux qu'on lui avait signalés comme y étant engagés, il plaçait le nommé *Blanqui Auguste,* l'un des hommes auxquels il disait aussi avoir confié l'horrible projet de *Fieschi.* Républicain ardent et déterminé, *Blanqui* s'était déjà fait connaître, dans la société des *Amis du peuple,* par l'exagération de ses opinions radicales, par l'obstination de sa haine contre le gouvernement monarchique et par une activité séditieuse que ne rebutaient ni les périls ni le mauvais succès de ses entreprises.

A peine ces documents importants avaient-ils été recueillis par la justice, que des faits d'une haute gravité vinrent montrer comment ces fauteurs d'anarchie marchaient sur les traces de leurs devanciers, et par quelles voies ils préparaient cette régénération sociale dont ils flattaient les passions ou l'ignorance de leurs prosélytes! Le 8 mars 1836, cinq individus furent surpris travaillant à confectionner de la poudre dans un atelier disposé à cet effet. Trois jours après, les nommés *Blanqui* et *Barbès* étaient arrêtés dans le logement de ce dernier, et couchés dans le même lit; on saisissait en la possession de *Blanqui* de petits morceaux de papier sur lesquels étaient inscrites des listes de noms, et en la possession de *Barbès* douze mandrins à cartouches et un portefeuille reconnu depuis pour appartenir au nommé *Eugène Lamieussens*. Des listes de noms étaient aussi renfermées dans ce portefeuille, et on ne put douter que ces noms ne fussent ceux des membres d'une association secrète, quand on lut sur l'une de ces listes une série de noms à chacun desquels un numéro d'ordre était donné, qu'on retrouva sur une autre ces mêmes numéros d'ordre appliqués à des noms de convention et qu'enfin, sur une troisième, ces noms de convention reparurent distribués en sections. En rapprochant les listes trouvées en la possession de *Blanqui*, de celles qui avaient été saisies dans le portefeuille de *Lamieussens*, en reconnaissant sur ces dernières des annotations écrites par la main de *Blanqui*, on acquit la preuve que toutes ces listes se rapportaient à une seule et même association, et le but des sociétaires ne fut plus un mystère lorsque, d'une part, on eut remarqué, à côté de plusieurs de leurs noms, la mention des armes et des munitions qu'ils possédaient, lorsque d'une autre part on retrouva parmi eux quatre des individus qui avaient été arrêtés en flagrant délit de fabrication de poudre. Par suite de la procédure à laquelle ces faits ont donné lieu, *Blanqui*, *Barbès*, *Lamieussens* et plusieurs autres ont été condamnés à diverses peines correctionnelles, soit comme coupables du délit d'association illicite, soit comme auteurs d'une fabrication clandestine de poudre.

Quelque dangereuses que se montrassent déjà ces machinations, on ne pensa point qu'elles eussent encore revêtu ce caractère d'une résolution d'agir, concertée et arrêtée, qui peut seule, aux termes de la loi, constituer un complot. Elles avaient cependant une signification agressive, qui devenait plus énergique quand les regards s'arrêtaient sur un document que sa teneur même signalait comme relatif à la constitution de l'association. C'était une sorte de formulaire pour les réceptions, où sont résumés les sentiments et les idées qui doivent devenir, pour les adeptes, l'objet de leur foi et la règle de leur conduite, et dans lequel se montrent à découvert la volonté et les préparatifs de la guerre civile. Ce formulaire respire une haine aveugle et furieuse, non-seulement contre le Gouvernement actuel, mais encore contre l'organisation même des sociétés humaines. Une révolution sociale y est présentée comme nécessaire, et le but qu'il indique comme celui de l'association à laquelle il se rattache, est de préparer d'abord cette révolution par une propagande active et infatigable, et de l'accomplir ensuite par la force des armes. On y lit que chaque membre est astreint, en entrant dans la société, à fournir une quantité de poudre proportionnée à sa fortune, un quarteron au moins, et qu'il doit, pour lui-même, s'en procurer deux livres. L'allocution du président au récipiendaire se termine par ces paroles remarquables : « Il n'y « a rien d'écrit dans l'association. Tu ne seras connu que « par le nom de guerre que tu vas choisir. En cas d'ar- « restation, il ne faut jamais répondre au juge instruc- « teur. Le comité est inconnu; mais, au moment du com- « bat, il est tenu de se faire connaître. Il y a défense « expresse de descendre sur la place publique, si le comité « n'est pas à la tête de l'association; pendant le combat, « les membres doivent obéir à leurs chefs avec toute la « rigueur de la discipline militaire. »

En 1836, ce formulaire, transmis d'abord à la justice par l'administration, avait été ensuite saisi dans la possession de l'un des membres de l'association, et, quoiqu'on n'en eût trouvé qu'un exemplaire imprimé, dont il était facile de répudier la responsabilité, les rapprochements qui s'établissaient d'eux-mêmes entre cette pièce et les faits judiciairement constatés, permettaient à peine de douter qu'il n'appartînt à la société dont *Blanqui*, *Lamieussens* et *Barbès* se montraient les promoteurs et les chefs. Le plan, trouvé chez ce dernier, d'une association divisée en familles, les noms de guerre inscrits sur l'une des listes de *Lamieussens*, la répartition de ces noms en sections, les armes et les munitions dont un grand nombre des sectionnaires étaient nantis, le silence obstiné de plusieurs d'entre eux devant le magistrat instructeur, faisaient apparaître avec évidence la mise en action du programme que contenait le formulaire. Toutefois, ce document reçut, en 1838, une valeur judiciaire plus importante encore, lorsqu'on saisit entre les mains d'un sieur *Alberni,* auquel *Barbès* l'avait remise, une pièce conçue à peu près dans les mêmes termes, résumant les mêmes principes, et écrite tout entière de la main de ce dernier. Ce monument de l'existence d'une société politique ne peut être reporté à une date antérieure à la loi qui a proscrit les associations : car il renferme une allusion évidente aux lois promulguées dans le mois de septembre 1835, et il n'a été certainement rédigé que depuis cette dernière époque. Voici le texte complet de cette pièce.

« Le récipiendaire est introduit les yeux bandés.

« Le prés... au présentateur : Quel est le nom du nou-
« veau frère que tu nous amènes?

« Au récipiendaire : Citoyen (le nom), quel est ton âge?
« ta profession? le lieu de ta naissance? ton domicile?
« quels sont tes moyens d'existence?

« As-tu réfléchi sur la démarche que tu fais en ce
« moment, sur l'engagement que tu viens contracter? Sais-
« tu bien que les traîtres sont frappés de mort?

« Jure donc, citoyen, de ne révéler à personne rien de
« ce qui se passera dans ce lieu.

« Le prés. fait les questions suivantes : 1° Que penses-tu
« de la royauté et des rois? — 2° Comment la royauté,
« que tu déclares si mauvaise, se maintient-elle? —
« 3° Quels sont maintenant les aristocrates? — 4° Faut-il
« se contenter de renverser la royauté? — 5° Que de-
« vons-nous mettre à la place? — 6° Pourquoi la Répu-
« blique est-elle le seul gouvernement légitime? — 7° Quels
« sont les devoirs de chaque citoyen? — 8° Quels sont ses
« droits? — 9° Celui qui ne remplit point ses devoirs doit-
« il avoir des droits? — 10° Ceux qui ont des droits, sans

«remplir les devoirs, comme maintenant les aristocrates,
«font-ils partie du peuple? — 11° Comment le peuple
«manifeste-t-il sa volonté?— 12° Une Chambre de députés
«peut-elle faire la loi? — 13° Immédiatement après la
«révolution, le peuple pourra-t-il se gouverner lui-même?
« — 14° En résumé, quels sont donc tes principes?

«Citoyen, les principes que tu viens d'énoncer sont les
«seuls justes, les seuls qui puissent faire marcher l'huma-
«nité vers le but qui lui est fixé; mais leur réalisation n'est
«pas facile; nos ennemis sont nombreux et puissants; ils
«ont à leur disposition toutes les forces sociales; nous,
«républicains, notre nom même est proscrit, nous n'avons
«que notre courage et notre bon droit; réfléchis, il en est
«temps encore, sur tous les dangers auxquels tu te voues
«en entrant dans nos rangs. Le sacrifice de la fortune, la
«perte de la liberté, la mort peut-être, es-tu décidé à les
«braver?

«Ta réponse nous est la preuve de ton énergie.—Lève-
«toi, citoyen, et prête le serment suivant:

«Au nom de la République, je jure haine éternelle à
«tous les rois, à tous les aristocrates, à tous les oppres-
«seurs de l'humanité. Je jure dévouement absolu au
«peuple, fraternité à tous les hommes, hors les aristo-
«crates. Je jure de punir les traîtres. Je promets de
«donner ma vie, de monter même sur l'échafaud, si ce
«sacrifice est nécessaire pour amener le règne de la sou-
«veraineté du peuple et de l'égalité.

«Le prés... lui met un poignard à la main.

«Que je sois puni de la mort des traîtres, que je sois
«percé de ce poignard, si je viole mon serment! je consens
«à être traité comme un traître, si je révèle la moindre
«chose à quelque individu que ce soit, même à mon plus
«proche parent, s'il n'est point membre de l'association.»

«Le prés....: Citoyen, assieds-toi; la société reçoit ton

« serment, maintenant tu fais partie de l'association, tra-
« vaille avec nous à l'affranchissement du peuple. »

« Citoyen, ton nom ne sera point prononcé parmi nous,
« voici ton numéro d'inscription dans l'atelier.—Tu dois te
« pourvoir d'armes, de munitions. — Le comité qui dirige
« la société restera inconnu jusqu'au moment où nous
« prendrons les armes.—Citoyen, un de tes devoirs est de
« répandre les principes de l'association. — Si tu connais
« des citoyens dévoués et discrets, tu dois nous les pré-
« senter.

« Le récipiendaire est rendu à la lumière.

« Le citoyen qui fait la réception vient à l'aide du
« récipiendaire toutes les fois qu'il est embarrassé pour
« répondre.

« *Réponses.* — 1° Qu'elle est exécrable, que les rois sont
« aussi funestes pour l'espèce humaine que les tigres pour
« les autres animaux.

« 2° Parce qu'elle a associé quelques classes du peuple
« à l'exploitation qu'elle fait de toutes les autres; elle a
« constitué une aristocratie.

« 3° L'aristocratie de naissance a été détruite en juillet
« 1830; maintenant les aristocrates sont les riches, qui
« constituent une aristocratie aussi dévorante que la pre-
« mière.

« 4° Il faut détruire les aristocraties quelconques, les pri-
« viléges quelconques; autrement ce serait rien faire.

« 5° Le gouvernement du peuple par lui-même, c'est-à-
« dire la République.

« 6° Parce que seule elle est fondée sur l'égalité, que
« seule elle impose à tous des devoirs égaux, et donne les
« mêmes droits.

« 7° L'obéissance à la volonté générale, le dévouement
« à la patrie, et la fraternité envers chaque membre de la
« nation.

« 8° Le droit à l'existence; à la condition du travail,

« chaque homme doit avoir son existence assurée. Le droit
« à l'éducation. L'homme n'est point seulement composé de
« matière, il a une intelligence. Cette intelligence a le droit
« de vie comme le corps; ainsi le droit à l'éducation n'est
« que le droit à l'existence spirituelle. — Le droit électoral.

« 9° Par cela seul qu'il ne remplit point ses devoirs, il
« abdique son droit de citoyen.

« 10° Ils ne devraient point en faire partie; ils sont pour
« le corps social ce qu'est un cancer pour le corps humain;
« la première condition du retour du corps à la santé, c'est
« l'extirpation du cancer: la première condition du retour
« du corps social à un état juste, est l'anéantissement de
« l'aristocratie.

« 11° Par la loi, qui n'est autre chose que l'expression
« de la volonté générale.

« 12° Non, elle ne peut que la préparer pour la soumettre
« au peuple, qui l'approuve ou la rejette.

« 13° L'état social étant gangrené, pour passer à un état
« sain, il faut des remèdes héroïques; le peuple aura besoin
« pendant quelque temps d'un pouvoir révolutionnaire.

« 14° Qu'il faut exterminer la royauté et toutes les aris-
« tocraties, substituer à leur place la République, c'est-à-
« dire le gouvernement de l'égalité; mais, pour passer à ce
« gouvernement, employer un pouvoir révolutionnaire
« qui mette le peuple à même d'exercer ses droits. »

Tels étaient donc les enseignements que recevaient
les adeptes au seuil même de la société où ils étaient
introduits d'après ce formulaire : la haine des riches
pour mobile, une république radicale pour terme, la
force des armes et un gouvernement révolutionnaire
pour moyens . telles étaient les combinaisons de ces
régénérateurs qui fondent le bonheur et la dignité de
l'espèce humaine sur le mépris de la vie d'autrui et la
convoitise de son bien. Plus tard nous les verrons dire

leur dernier mot avec une franchise plus téméraire et plus menaçante encore. A côté de cette pièce, dont on a le droit de demander compte à *Barbès,* puisqu'elle est, on le répète, écrite tout entière de sa main, il convient d'en placer une autre écrite aussi par lui, et trouvée, non dans le logement où il a été arrêté avec *Blanqui,* le 11 mars 1836, mais dans une chambre où il se cachait, au mois de juillet 1835, avec une jeune fille qu'il avait détournée du domicile paternel. Si l'on se rappelle que ce mois de juillet 1835 a été marqué par le sanglant attentat de *Fieschi,* et que, d'après les déclarations de *Pépin, Blanqui,* cet homme qui trouvait depuis un asile chez *Barbès* contre les poursuites de la justice, avait reçu la confidence de cet odieux forfait, on sera sans doute vivement frappé des termes de la proclamation qu'on va lire, et que *Barbès* tenta de faire considérer, à l'époque où elle fut saisie, comme le produit d'un rêve jeté au hasard sur le papier :

« Citoyens,

« Le tyran n'est plus : *la foudre populaire l'a frappé ;*
« exterminons maintenant la tyrannie, citoyens, le grand
« jour est levé, le jour de la vengeance ; le jour de l'éman-
« cipation du peuple ; pour les réaliser, nous n'avons qu'à
« vouloir, le courage nous manquerait-il ? Aux armes ! aux
« armes ! Que tout enfant de la patrie sache qu'aujourd'hui
« il faut payer sa dette à son pays. »

A ce langage, préparé au mois de juillet 1835, pourra-t-on s'empêcher de reconnaître, de soupçonner du moins un conspirateur qui, s'il n'était pas le complice de *Fieschi* se tenait prêt à profiter du crime dont il était l'adhérent, et à en poursuivre les dernières conséquences ? Quoi qu'il en soit, et à ne considérer cette proclamation que comme l'expression des idées et des sentiments de *Barbès,* elle donnera du moins la mesure de leur coupable et dangereuse effervescence.

Tandis que les recherches dont les sociétés secrètes étaient l'objet amenaient sur leur existence, leur organisation et leurs projets ces menaçantes révélations, ces sociétés ne se décourageaient pas, et poursuivaient avec persévérance l'œuvre à laquelle elles étaient dévouées. Le crime du misérable fanatique qui, le 25 juin 1836, dirigea un coup de feu contre la personne du Roi, sembla donner un nouveau degré d'intensité à la fièvre révolutionnaire dont elles étaient travaillées. C'est à cette époque que courut le bruit d'une réunion plus ou moins nombreuse assermentée au régicide, et dont tous les membres devaient en tenter à tour de rôle l'exécrable exécution ; c'est à cette époque aussi que l'on vit deux jeunes ouvriers s'accuser mensongèrement d'un horrible complot, et par une sorte de jeu puéril, qui témoignait cependant de la perversité de leurs pensées, rechercher l'odieuse célébrité qui s'attache à la conception d'un grand crime. De nouvelles saisies d'armes et de munitions opérées entre les mains d'hommes qui faisaient partie des sociétés secrètes attestèrent leur activité toujours croissante : on annonça que les fêtes de juillet seraient marquées par de graves désordres. A la fin du mois d'août les meneurs crurent avoir trouvé une occasion favorable de sédition, et ils s'empressèrent d'en profiter. Le nommé *Canlay*, amputé d'un bras par suite d'une blessure reçue dans les rangs des insurgés au mois de juin 1832, venait de mourir à la clinique de l'Hôtel-Dieu : on lui prépara un service dans la prétendue église catholique française; des lettres de convocation auxquelles sa famille resta étrangère furent répandues avec profusion. Les sectionnaires s'ameutèrent autour du cercueil; des cartouches furent distribuées, et le lendemain, à l'aube du jour, on arrêta, dans la chambre du nommé *Leprestre du Bocage,* onze individus qui y avaient passé la nuit, et qui composaient évidemment une section ou une famille restée en permanence. Tous ils figuraient sur les listes de la société dont *Blanqui*, *Lamieussens* et *Barbès* étaient les chefs; tous ils étaient armés de poignards : des balles, de la poudre et 860 cartouches furent trouvées dans cette chambre, où, sous la direction de *Leprestre du Bocage,* signalé par les mêmes listes comme chef de section, ils attendaient le signal de la révolte et du combat.

Au mois de décembre 1836, un nouvel attentat fut commis contre la personne du Roi : le nommé *François Meunier* en était l'auteur, et ces mêmes nom et prénom se trouvaient sur les listes de la société des *Familles.* Dans le cours du procès auquel donna lieu cette tentative déjouée, comme tant d'autres, par la Providence, un jeune ouvrier, *Jacob Kaiser,* compromis dans les poursuites, donna, sur une société secrète à laquelle il était affilié, des renseignements qui confirmèrent, de la manière la plus explicite, les documents que la justice avait déjà recueillis, et qui achevèrent de révéler la constitution, la nature et le but de cette association, dont plusieurs membres avaient été condamnés quelques mois auparavant. Il fit connaître que cette association portait le nom de société des *Familles,* que le récipiendaire y était introduit les yeux bandés, qu'on lui imposait l'obligation de se procurer de la poudre, qu'on lui demandait si le Roi lui convenait, et qu'on lui faisait prêter serment de concourir au renversement du Gouvernement du Roi. Il ajouta que *Blanqui* lui avait été signalé comme l'un des chefs de cette société, et qu'il ne connaissait pas les autres, parce que le comité devait rester inconnu jusqu'au jour où sa présence deviendrait nécessaire dans une révolution. Il révéla enfin qu'il avait assisté à un dîner pour lequel trente-cinq membres de la société s'étaient réunis, et qu'on y avait porté un toast à Alibaud et un autre à l'extinction des rois ou du Roi.

C'est ainsi que le plan de la société des *Familles* trouvé

chez *Barbès*, que le formulaire de réception saisi antérieurement sur la personne de *Fayard*, et depuis chez *Alberny*, qui le tenait de ce même *Barbès*, apparaissent dans leur application pratique, sous la direction suprême de *Blanqui*. Dans les détails de la réception de *Kaiser* on reconnaît l'exécution du programme tracé par la main de *Barbès*, et l'on ne s'étonnera pas que ce jeune ouvrier ait signalé le formulaire saisi à cette époque comme celui qui lui avait été lu au moment de son initiation.

Dès le commencement de l'année 1837, il semble que les factions aient senti qu'elles s'affaiblissaient de jour en jour, et que toutes les chances de succès étaient enlevées aux prises d'armes et aux attaques de vive force. Quelque inaccessibles qu'elles fussent à cette pensée de conciliation qui dominait alors dans le pays, elles comprenaient cependant que cette volonté générale de la paix les réduisait à leurs propres forces, annulait leur action sur tout ce qui avait l'intelligence des intérêts généraux et de la situation politique, et que plus que jamais leur propagande n'avait de prise que sur les instincts les plus aveugles et les plus brutales passions. On était donc forcé de se placer désormais non-seulement en dehors de toutes les notions sur lesquelles reposent l'institution et l'exercice des pouvoirs légitimes, non-seulement au-delà des conceptions et des témérités par lesquelles se signalent les oppositions les plus hostiles mais au-dessous même de ce qui avait été tenté jusque-là pour séduire et pour entraîner la multitude; car la violence des factions s'accroît en raison de leur isolement, comme l'irritation d'un furieux en raison du calme qu'on lui oppose.

Des presses clandestines furent organisées; et, par de nombreuses publications dont quelques-unes viennent d'être l'objet d'un grave procès, on s'efforça de pervertir encore les cœurs les plus malades, d'égarer les imaginations les plus déréglées. Nous ne parlerons pas des placards qui furent, à plusieurs reprises, affichés dans les rues, et qui, présentant le Gouvernement établi sous les plus fausses et les plus odieuses couleurs, provoquaient ouvertement le peuple à s'armer pour le renverser; mais parmi les écrits que produisit à cette époque l'imprimerie de la république, et qui se donnaient à eux-mêmes cette origine, il en est deux sur lesquels l'attention doit d'abord se fixer, parce qu'ils se rattachent d'une manière plus étroite à l'existence de l'association politique, déjà signalée sous le nom de société des *familles*. Le premier est intitulé : *Ordre du jour des phalanges démocratiques*. On y annonce que la société des *Familles* est réorganisée, et que les familles s'appelleront désormais *pelotons, nom plus clair et plus significatif*. Parmi les causes qui ont fait échouer jusque-là les tentatives révolutionnaires, on place en première ligne : *ces insurrections purement défensives dans lesquelles l'ardeur des soldats s'est inutilement consumée, par le défaut d'organisation dans le parti républicain et par le manque de dévouement dans les chefs*. « Un autre effet, ajoute-t-on, de ces «déplorables fautes, c'est que nombre de républicains, «voyant ainsi les chefs manquer à leur devoir, imagi-«nèrent, à plusieurs reprises, de se défaire du tyran prin-«cipal. *A part tout ce qu'avaient de louable leurs projets,* «il n'y avait pas de vrai succès à espérer; car ce n'est «pas tout de tuer le tyran, il faut encore anéantir la «tyrannie, et l'on ne pouvait et l'on ne peut encore obte-«nir ce résultat qu'au moyen de l'union de tous les répu-«blicains. . . . . . Aussi le comité, touché de l'insuffisance «et du danger des attaques isolées, se réserve-t-il expres-«sément la direction des coups que la société doit porter «pour obtenir ce double résultat. Aucun sectionnaire ne «pourra rien tenter contre la tyrannie et contre les «tyrans sans son ordre formel. *Couper une tête à l'hydre,*

«*c'est très-bien ;* mais ce serait mieux de l'écraser tout
«entière.»

Plus loin, le comité s'impose à lui-même le devoir de
provoquer et de saisir le moment propice de l'insurrection.
«Nous voulons tous, dit-il enfin, une révolution radicale
« et sociale...... *Le peuple et les travailleurs, produisant tout,*
« *ont droit exclusif à tout.*»

Cet ordre du jour annonçait lui-même la publication
d'un formulaire qui a été saisi en même temps, et qui
contient à la fois les règles de l'initiation et un résumé
de doctrines. Il impose au récipiendaire le serment *d'a-*
battre la tyrannie, et de contribuer au triomphe de l'éga-
lité des conditions sociales, fondée sur le partage égal de
tous les produits de la terre et de l'industrie. Parmi les
obligations que contracte le nouveau membre de la société,
on remarque celles *de se procurer des armes, de faire de*
la propagande écrite et verbale, et de rechercher surtout
les liaisons avec l'armée.

Combien sont sérieuses et pénibles les réflexions que
font naître ces deux écrits ! Ne montrent-ils pas jusqu'où les partis sont capables de descendre pour séduire
la multitude et l'entraîner à leur suite? Ce ne sont plus
seulement ici ces mots vagues et malléables de gouvernement du peuple par lui-même, d'aristocratie, d'exploiteurs,
de révolution radicale et sociale, qui faisaient d'abord les
frais des prospectus républicains; le but qu'on propose
aux passions populaires est nettement défini: *Les travail-*
leurs produisent tout et ont droit exclusif à tout. Ce que l'on
veut, c'est *l'égalité des conditions sociales fondée sur le*
partage égal des produits de la terre et de l'industrie; et
c'est pour arriver à ce résultat, par la violence et par le
sang, qu'on organise et qu'on discipline une armée ! Mais
quels sont donc les hommes dont on parviendra à peu-
pler ses rangs par cette grossière et honteuse piperie?
Quels sont les hommes qui consentiront à s'ameuter au-

7

tour de ces drapeaux où sont inscrits sans pudeur les mots de spoliation et de meurtre? Ne repousse-t-on pas, par cet odieux et absurde programme, nous ne dirons pas seulement tout ce qui n'appartient pas aux classes inférieures de la société, mais encore tous ceux qui, dans ces classes elles-mêmes, sont honnêtes, laborieux, intelligents, tous ceux qui possèdent, et aussi tous ceux qui sont capables d'acquérir par les voies légitimes? N'est-on pas certain, d'un autre côté, de voir accourir ce qu'il y a de plus inepte dans l'ignorance, de plus désordonné dans le vice, de plus implacable dans la cruauté? Et comment le plus aveugle fanatisme ne recule-t-il pas d'horreur et de dégoût au seul dénombrement de ces hideux auxiliaires, tels que peut les fournir la lie des civilisations modernes?

Nous voyons, au contraire, les membres du comité qui préside maintenant à l'association républicaine s'engager dans cette Jaquerie nouvelle avec la détermination la plus ferme et la plus absolue. Ils reprochent un défaut de dévoûment aux chefs qui présidaient aux séditions armées de 1832 et de 1834; ils annoncent qu'ils ne s'en tiendront pas aux insurrections défensives; ils promettent le succès à des mesures mieux concertées, et se réservent de choisir le temps et les circonstances les plus favorables à l'insurrection. Ainsi l'attaque est résolue: ils en donneront le signal, ils y conduiront leurs pelotons armés et disciplinés. Peut-être aurons-nous lieu de rapprocher plus tard ces engagements et ces promesses des faits qui ont signalé l'attentat du 12 mai.

L'amnistie promulguée au mois de mai 1837 augmenta encore la faiblesse et l'isolement des factieux, en imprimant à leurs excès déjà détestés la tache d'une odieuse ingratitude. Pendant quelques mois ils osèrent à peine donner signe d'existence. Quand ils reparurent sur la scène, ce fut par un complot tramé contre la vie du Roi, et auquel se sont attachés les noms de la demoiselle *Grou-*

velle et de l'amnistié *Huber.* Dans le temps à peu près où, pour l'exécution de cet attentat, on s'occupait de la construction d'une nouvelle machine infernale, parut le premier numéro du *Moniteur républicain;* imprimé par une presse clandestine, distribué en secret, mais avec profusion, dans Paris et dans les départements cet écrit rappelle, par la violence du langage et le cynisme de la pensée, la plus mauvaise époque de la tourmente révolutionnaire. Tout ce qui peut rendre odieux le Gouvernement et la personne même du Roi y est accumulé avec l'injustice et l'amertume d'une haine aveugle et passionnée. On y provoque à la sédition, on y exalte l'athéisme, on y proclame le régicide comme l'acte le plus glorieux et le plus salutaire dont puisse s'honorer un citoyen, on y blâme la faiblesse des hommes qui ne savent verser le sang que d'une main avare : en un mot, il semble que les rédacteurs de cet horrible et dégoûtant pamphlet, cachés qu'ils étaient sous le double voile de la clandestinité et de l'anonyme, aient pris à tâche de franchir toutes les limites que paraîtrait devoir imposer aux plus emportés le respect de la pudeur publique et de la morale universelle.

Pendant huit mois, huit numéros du *Moniteur républicain* furent successivement distribués à un assez grand nombre d'exemplaires sans qu'on pût parvenir à découvrir quels étaient les auteurs de cette publication. Enfin, soit qu'ils eussent lieu de craindre que l'autorité ne fût sur leurs traces, soit que l'atrocité de leurs publications eût révolté ceux-là même auxquels elles étaient destinées, ils cessèrent de faire paraître leur journal au mois de juillet 1838. Mais, dès le mois d'août, un autre écrit s'annonça comme devant le remplacer. Sous le titre de *l'Homme libre,* il devait être périodiquement consacré au développement des principes républicains, et promettait cependant qu'il éviterait (ce sont ses expressions) de froisser trop rudement de stupides préjugés : ce qu'il faut entendre en ce sens que les auteurs de ce nouveau journal consentaient à ne plus conseiller hautement et à ne plus provoquer de mois en mois l'assassinat : car, du reste, ils se défendent, comme d'une imputation calomnieuse, des sentiments d'inimitié qu'on pourrait leur supposer contre leurs devanciers; ils n'attaquent la royauté ni avec moins d'injustice, ni avec moins de violence, et, s'ils ne s'adressent plus au fanatisme politique qui tue, ils cherchent, dans ce qu'ils appellent l'iniquité de la répartition des biens en ce monde, des moyens plus séduisants de propagande. Dès leur troisième numéro ils dirigent les efforts de leur dialectique contre le droit de propriété et contre la transmission héréditaire des biens. Ceux qui possèdent sont présentés comme des fripons, comme des exploiteurs qu'il faut faire dégorger; ceux qui ne possèdent pas, comme d'honnêtes gens dépouillés de la part de biens que la nature leur a donnée, et qui voient constamment l'égoïsme se poser en maître sur leur domaine. Telle était l'introduction par laquelle on préparait la proposition expresse d'un système de communauté renouvelé de Babœuf, et qui devait être l'objet d'un article subséquent. Mais les imprimeurs clandestins de l'*Homme libre* ont été surpris en flagrant délit avant qu'ils aient pu éditer cette dernière production de leurs publicistes républicains.

La plupart des individus qui viennent d'être condamnés pour avoir concouru à la publication du *Moniteur républicain* et de l'*Homme libre* sont tristement connus par la part qu'ils prennent depuis longtemps aux menées et aux démonstrations de la faction turbulente à laquelle ils appartiennent. On ne les retrouve pas parmi les acteurs des attentats des 12 et 13 mai, puisqu'ils étaient alors sous la main de la justice. Mais peut-être établira-t-on plus tard des rapports intimes entre eux et quelques-uns de ceux qui ont concouru à cette coupable tentative. Quoi qu'il en soit, nous avons dû faire connaître la nature de ces publications et l'obstination avec laquelle elles se sont acharnées, pendant près d'un an, contre les institutions politiques établies, et les principes mêmes de l'ordre social, parce que, si elles ne sont pas l'œuvre directe des sociétés secrètes dont nous avons révélé l'origine, les tendances et les premiers mouvements, elles marchaient du moins dans les mêmes voies et apportaient à propos le secours de leur complicité au complot qui couvait incessamment dans le sein de ces associations. Leur apparition coïncide avec l'époque où les factions, successivement vaincues par les armes, par le châtiment et par la clémence, voyaient leurs rangs se dépeupler, et où, forcées de renoncer à l'action, elles n'avaient plus d'autres ressources que de ranimer par la calomnie et par le mensonge des colères éteintes et des illusions évanouies. Les préparatifs de guerre poussés avec activité, en 1836, paraissent alors suspendus; mais la presse clandestine et la propagande verbale unissent leurs efforts : les sociétés se recrutent, leur confiance renaît; et, dès les premiers mois de 1838, on recommence à fabriquer, à colporter, à accumuler des munitions. En février, un dépôt de 1,100 cartouches est saisi entre les mains d'un nommé *Bougon*, qui l'avait reçu du nommé *Folliet : Bougon* déclare que *Folliet* l'a mis en rapport avec *Martin Bernard*, et que celui-ci lui a proposé d'entrer dans *leur société.*

Peu de jours après, un autre individu nommé *Danguy*, qui convenait s'être trouvé avec ce même *Martin Bernard* dans des réunions où l'on agitait des questions morales et politiques, est arrêté sur le Pont-Neuf, nanti de douze livres de poudre; on fait une perquisition dans son domicile : on y saisit cent cartouches, du plomb, et l'on y constate des faits matériels qui prouvent qu'on s'y est récemment occupé de fondre une quantité considérable de ce même métal. Plus tard, le 26 juillet, trois individus, tous condamnés en 1836 comme membres de l'association secrète à laquelle présidaient *Blanqui*, *Barbès* et *Lamieussens*, sont arrêtés chez le nommé *Raban*, l'un des agents les plus infatigables du parti républicain, dans le moment même où ils travaillaient ensemble à confectionner des cartouches; on trouva chez *Raban* des cartouches déjà faites, du papier déjà disposé et taillé pour en faire d'autres, plus de 10,000 balles récemment fondues à son foyer qui portait les traces de ce travail; des mandrins, de la poudre, des moules à balles, tous les ustensiles enfin, tous les matériaux qui sont nécessaires à la fabrication dont on s'occupait. Deux individus surviennent pendant l'opération qui avait pour but de placer tout cet attirail sous la main de la justice; l'un est le nommé *Lardon*, qui apportait un panier dans lequel se trouvaient 40 livres de plomb; l'autre est le sieur *Dubosc*, homme de lettres: on ne saisit sur lui qu'une boîte de capsules; mais on apprend bientôt qu'il a laissé neuf kilogrammes de poudre de chasse dans le cabriolet qui l'avait amené.

Enfin, au mois d'octobre 1838, on découvrit, chez un individu nommé *Nermond*, quatre kilogrammes de poudre de chasse, 140 cartouches sans balles, 3,300 cartouches à balles, 2,490 balles, 11 moules à balles, 386 pierres à fusil, des mandrins et des plateaux à cartouches, du plomb pour garnir les pierres à fusil, un pistolet d'arçon, deux fusils de munition, deux mousquetons, une hache d'armes et des fragments de fer propres à être employés pour mitraille. On remarqua qu'une partie des balles saisies dans ce dépôt si considérable d'armes et de munitions paraissaient avoir été fondues avec les moules trouvés chez *Raban*, et on se rappela qu'au moment d'une perquisition opérée dans le domicile du nommé *Lardon*, l'un des hommes arrêtés chez *Raban*, *Nermond*, était survenu, et s'était présenté sous le nom de *Fayard,* l'un des individus compromis dans le premier procès de l'association des Familles. Ainsi se révélaient à chaque pas les constantes affinités qui coordonnaient entre eux, et ramenaient à un foyer qui leur était commun, les symptômes épars d'une conspiration permanente et d'une agression préparée de longue main.

Ce qui était depuis si longtemps dans les conseils et dans les desseins du parti devait nécessairement se traduire en attentats aussitôt qu'il croirait avoir rencontré une occasion favorable. Les embarras qui, dans le cours des premiers mois de cette année, parurent un moment entraver le Gouvernement dans sa marche, les accidents d'une crise commerciale dont la malveillance se plut à exagérer la gravité, ont contribué peut-être à faire naître de folles illusions, et à marquer l'époque d'une nouvelle prise d'armes.

Ceux qui en ont donné le signal ne comptaient pas sans doute, pour le succès d'une telle entreprise, sur la force numérique des sectionnaires enrégimentés; mais elle suffisait pour tenter une première attaque, et l'on imaginait, dans le délire d'une pensée coupable, que par l'imprévu, par l'audace, par le mensonge, par le spectacle même du désordre et du sang versé, on agiterait les masses, on allumerait la sédition de proche en proche, on parviendrait enfin à dominer les destinées du pays. C'est d'après cette donnée que, calculant toute l'importance d'un premier succès, les chefs du mouvement qui se préparait ont apporté dans leurs combinaisons une sorte d'habileté qui paraîtrait redoutable, s'il était possible qu'une poignée de conspirateurs obscurs ne fût pas renversée au premier choc, quand elle vient se heurter contre la puissance d'un gouvernement national et l'intelligente volonté d'un grand peuple.

Les faits qui ont été jusqu'ici exposés aboutissent à cette

conclusion : que les tendances anarchiques et violentes du parti républicain n'ont pas cessé, depuis la loi qui a prohibé les associations, d'être concentrées dans une société secrète, toujours agissante, toujours prête à s'armer, et dont les doctrines devenaient de jour en jour plus subversives.

C'était, en 1836, la société dite des Familles : la pièce signalée sous le titre d'ordre du jour *des Phalanges démocratiques* l'a déjà montrée subissant une première transformation et prenant une attitude militaire plus caractérisée. Il paraît que depuis, et à une époque assez rapprochée, on a essayé, par une nouvelle organisation, de resserrer encore les liens de l'association, de cacher le plus possible les uns aux autres les sectionnaires et les chefs, et d'augmenter la rigueur de la discipline par une distribution mieux entendue des degrés de la hiérarchie, sans modifier toutefois ni les principes, ni le but de la société. Les sectionnaires ont été divisés en semaines, composées de six hommes et qui ont eu chacune un chef auquel on a donné le nom de *Dimanche :* quatre semaines réunies formaient un mois et ont eu un chef commun qui prenait le nom de *Juillet.* Une agrégation de trois mois obéit à un chef de saison, et quatre saisons marchent sous les ordres d'un agent révolutionnaire. Ces détails ont été révélés par le nommé *Nouguès,* l'un des accusés, qui a ajouté que *Blanqui, Barbès* et *Martin Bernard* étaient placés chacun à la tête d'une année, et qui, ne connaissant pas d'autres chefs du même grade, a paru croire que les forces de l'association se bornaient au personnel de douze saisons. Il a été saisi entre les mains de ce même *Nouguès* un formulaire qui rappelle complétement, pour le fond des idées et des principes, les documents du même genre qui s'appliquaient à la société des Familles et qui étaient connus depuis 1836, comme aussi celui qui en 1838 a été saisi entre les mains du sieur *Alberny,* et qui est écrit, on s'en souvient, de la main même de *Barbès*. Il est toutefois essentiellement remarquable, d'une part, que le formulaire trouvé en la possession de *Nouguès* est le seul dans lequel il soit énoncé que la réception se fait au nom du conseil exécutif, et, d'une autre part, qu'il a été évidemment imprimé avec les caractères employés aussi pour l'impression d'une proclamation que l'on aura bientôt l'occasion de faire connaître, et qui avait été préparée dans la vue des crimes du 12 mai. Ce premier rapprochement, fondé sur un fait matériel incontestable, vient déjà montrer ces attentats comme sortant, pour ainsi dire, du sein de la société des Saisons. On va voir d'ailleurs, par la nature des faits qui ont signalé les préparatifs immédiats et la marche de l'insurrection, que, pour arriver à de tels résultats, il n'a fallu rien moins que la hiérarchie et la discipline d'une organisation presque militaire et depuis longtemps pratiquée.

Et d'abord il paraît établi que plusieurs des hommes qui devaient prendre au combat la part la plus active et la plus criminelle, et qui étaient absents de Paris dans les temps qui l'ont précédé, ne sont revenus dans la Capitale qu'après avoir été instruits des événements qui s'y préparaient.

Dès le mois de mars, *Blanqui* était en correspondance avec *Barbès,* retiré alors dans une campagne aux environs de Carcassonne. On a saisi dans le domicile de ce dernier une enveloppe qui avait renfermé une lettre, et dans l'intérieur de laquelle on lisait ces mots, écrits de la main de *Blanqui*: « Je prie M. *Carle* (c'est le nom du « beau-frère de *Barbès*) de faire tenir cette lettre à « *Armand* (c'est le prénom de *Barbès*), quel que soit le « lieu où il se trouve; de là lui expédier à Montpellier, « si par hasard il y était retourné. Je lui serai très-obligé « de sa complaisance. »

La lettre qui avait été ainsi transmise n'a pas été retrouvée, et l'on ne peut s'en étonner quand on sait que l'une des règles de conduite adoptées dans l'association était de ne conserver aucun écrit. Mais le caractère urgent et mystérieux de cette correspondance paraît suffisamment résulter de la double précaution que *Blanqui* avait prise de ne pas écrire à *Barbès* directement, et d'emprunter pour l'adresse une main étrangère.

D'un autre côté, il est certain que *Barbès* avait quitté, dès le milieu du mois d'avril, son habitation de Fourtoul, après avoir fait viser, le 9 du même mois, son passe-port pour Toulouse (ou Toulon), et en disant à ses amis et à ses domestiques qu'il se rendait à Marseille, et qu'il irait peut-être jusqu'à Toulon. Et cependant, arrivé à Tarascon, il y a fait viser son passe-port pour Rouen, et il est venu directement à Paris. Avant les attentats des 12 et 13 mai, on aurait pu se demander quelle était la cause de ce mystère dont il environnait les motifs et le véritable but de son voyage; mais, maintenant, il est facile de la comprendre, et l'on sait ce que venait faire à Paris ce condamné de l'affaire des poudres, ce chef actif et résolu des associations républicaines.

Vers le temps à peu près où *Barbès* entreprenait ce voyage qui lui devait être si fatal, un ancien élève de l'école d'Angers, le nommé *Émile Maréchal,* dont la jeunesse enthousiaste avait été séduite par les doctrines prêchées dans le Livre du peuple, et qui se plaisait à déclamer des pages de cette œuvre dangereuse, recevait dans le département de l'Ain une lettre qui lui était adressée par le nommé *Eugène Mouline,* l'un de ses amis, l'un de ses condisciples à l'école d'Angers. Elle était datée du 4 avril, et on y lit les passages suivants :

«Mon cher *Maréchal,* j'ai appris avec plaisir.......
«qu'enfin tu tournais tes regards du côté du soleil levant,
«du côté de cet astre du monde, lumière des intelligences
«dont, pour le moment, j'ai l'honneur d'être un sublime

« rayon. Hâte-toi, si tu ne veux pas le voir échancrer sans
« assister à la fête; car tout me dit qu'ici il se prépare dans
« les entrailles de la cité un jour de jubilation et de fièvre,
« où nous pourrons nous enivrer du parfum de la poudre
« à canon, de l'harmonie du boulet et de la conduite extra-
« muros de cette famille royale, que nous enverrons pro-
« bablement faire son tour de France pour lui apprendre
« à vivre.

« Ce soir les magasins d'armes antiques étaient, ou plu-
« tôt sont gardés par des compagnies de la ligne; des ras-
« semblements se forment, et de sourdes rumeurs dans les-
« quelles on entend par moment les cris de liberté et de
« patriotisme, de république, d'harmonie fourriériste, etc.,
« circulent. On ne s'aborde plus qu'en se demandant ce qui
« se dit, ce qui se fait plus loin : enfin, je te dis qu'il y a quel-
« que chose de prêt à éclore, et je crains bien que le con-
« cours et la bonne volonté des hommes positifs ne soient
« plus suffisants. Dieu veuille nous épargner encore cette
« épreuve!

« Si la nuit se passe tranquille, j'augurerai bien de la
« suite, mais je crains beaucoup. En attendant, les affaires
« sont totalement arrêtées. »

L'information, qui n'est pas complète à l'égard de *Mouline*, n'a pas encore fait connaître jusqu'à quel point il pouvait être compromis lui-même dans les faits qui préparaient l'attentat; mais il est difficile de croire que l'auteur de la lettre qu'on vient de lire n'en fût pas instruit, et qu'il donnât au hasard un avertissement dont l'à-propos a été si bien confirmé par l'événement. Sur cette lettre, qui flattait ses vœux criminels et lui rappelait sans doute des engagements plus criminels encore, *Émile Maréchal* n'a pas hésité à revenir à Paris. Il a combattu avec acharnement dans les rangs des insurgés, et il a trouvé la mort dans la soirée du 12 mai, sur les barricades de la rue Grenétat, au moment où la force publique s'en emparait.

Ce qui donne à l'avis qui avait été transmis à *Maréchal* dans une province éloignée plus d'importance encore, sous le point de vue de la préméditation et de l'origine des attentats, c'est qu'il n'était pas lui-même un de ces hommes qui, en se mêlant à la sédition, ne cèdent qu'à leurs entraînements personnels. On a trouvé après sa mort, dans ses vêtements, un petit morceau de papier d'une forme carrée régulière, et placé sous une bande cachetée. Sur le morceau de papier, on lisait : « Marchand de vin, rue Saint-Martin, n° 10. 2 heures 1/2 ; » et sur la bande : « 2°. » C'était là évidemment une indication de rendez-vous : le billet annonçait l'heure et le lieu assignés, et la suscription une division quelconque de séditieux qui devait s'y rendre. Ainsi *Maréchal* appartenait à une réunion qui avait été prévenue d'avance, qui s'assemblait à la voix de son chef et se tenait prête à marcher sous ses ordres. Si l'on ajoute que cette convocation était écrite de la main même de *Barbès,* blessé le soir, comme on le verra plus tard, à ces mêmes barricades où *Maréchal* venait d'être frappé du coup mortel, on ne pourra plus douter que, du Midi et de l'Est de la France, ces deux individus ne fussent accourus pour prendre part à l'insurrection. Il fallait donc que cette insurrection, depuis longtemps préparée, fût dès lors résolue, et la lettre de *Mouline* semble annoncer que la légère agitation qui se manifesta, les rassemblements qui se formèrent à l'époque de l'ouverture des Chambres, en étaient les premiers symptômes, ou du moins en sont devenus le signal.

Dans le cours du mois d'avril et dans les premières semaines du mois de mai, les revues des sections se multiplièrent chaque dimanche; elles se réunissaient aux lieux qui leur étaient assignés, chez des marchands de vin, dans des cafés, dans des passages, ou sur la voie publique, toujours par petits groupes, disposés de manière à ne pas éveiller l'attention. Les chefs passaient et faisaient le compte de leurs hommes. Les sectionnaires pressentaient que de graves événements approchaient : ils étaient certains que le moment était venu où l'association allait livrer le combat annoncé par tous ses programmes; ils attendaient la révélation de ce comité mystérieux, de ce conseil exécutif, qui, aux termes des mêmes programmes, devait diriger l'attaque et garantissait la victoire.

Le dimanche 12 mai, l'occasion parut favorable. C'était l'époque où le changement de la garnison amène le fractionnement des corps qui la composent : des bataillons s'éloignaient, d'autres arrivaient : les officiers supérieurs n'avaient plus entre eux l'habitude des rapports quotidiens. On espéra que l'action de la force armée serait moins énergique.

On choisit l'heure où, dans les jours fériés, la plupart des habitants faisant trêve aux occupations accoutumées s'éloignent de leur domicile, et à laquelle, le 12 mai spécialement, des courses au Champ-de-Mars devaient attirer à l'une des extrémités de la ville une partie de la population, les administrateurs principaux, une portion notable de la force publique et du service de police. On calcula qu'en saisissant ce moment de la journée la garde nationale ne pourrait être promptement réunie, que les premières mesures de résistance pourraient manquer de vigueur et d'ensemble, et qu'un coup de main hardi pourrait être couronné d'un premier succès.

On a déjà vu que les sections étaient convoquées pour deux heures et demie. A ce moment, en effet, on vit affluer dans les cabarets nombreux des rues Saint-Denis, Saint-Martin et des rues adjacentes, notamment dans celui qui est indiqué par le billet trouvé dans les vêtements de *Maréchal,* des jeunes gens qui différaient de costume et de manières, et qui paraissaient cependant réunis par la même pensée et dans le même but. Ces rassemblements se formaient de petits groupes distincts; mais quelques hommes, allant sans cesse de l'un à l'autre, semblaient leur porter des instructions et les rallier dans une action commune. C'est en ce moment, sans doute, que fut distribué un ordre du jour dont un exemplaire imprimé a été trouvé dans les magasins du sieur Lepage, après leur dévastation. Cette pièce est ainsi conçue :

« Aux armes, citoyens!

« L'heure fatale a sonné pour les oppresseurs.

« Le lâche tyran des Tuileries se rit de la faim qui dé-
« chire les entrailles du peuple; mais la mesure de ses
« crimes est comblée; ils vont enfin recevoir leur châti-
« ment.

« La France trahie, le sang de nos frères égorgés
« crie vers vous et demande vengeance; qu'elle soit
« terrible, car elle a trop tardé. Périsse enfin l'exploita-
« tion, et que l'égalité s'asseye triomphante sur les débris
« confondus de la royauté et de l'aristocratie.

« Le gouvernement provisoire a choisi des chefs mi-
« litaires pour diriger le combat; ces chefs sortent de vos
« rangs; suivez-les, ils vous mèneront à la victoire.

« Sont nommés :

« *Auguste Blanqui,* commandant en chef;

« *Barbès, Martin Bernard, Quignot, Meillard, Nétre,*
« commandants des divisions de l'armée républicaine.

« Peuple, lève-toi! et tes ennemis disparaîtront comme
« la poussière devant l'ouragan. Frappe, extermine sans
« pitié les vils satellites, complices volontaires de la ty-
« rannie; mais tends la main à ces soldats, sortis de ton

« sein, et qui ne tourneront point contre toi des armes
« parricides.

« En avant! Vive la république!

« *Les membres du gouvernement provisoire,*

« Barbès, Voyer-d'Argenson, Aug. Blanqui,
« Lamennais, Martin Bernard, Dubosc, La-
« ponneraye.

« Paris, le 12 mai 1839.

« Des proclamations au peuple et à l'armée, et un décret
« du gouvernement provisoire, sont sous presse. »

Il est difficile que ce langage ne ramène pas le souvenir de cette pièce écrite de la main de *Barbès*, et trouvée dans le logement qu'il habitait à l'époque de l'attentat de *Fieschi*. C'est le même cri de révolte et d'implacable vengeance; c'est le même appel aux fureurs populaires. Ce que *Barbès*, en 1835, présentait comme un rêve jeté sur le papier, se reproduit en 1839 au milieu d'une sanglante réalité.

Les caractères avec lesquels cet ordre du jour a été imprimé sont, comme on l'a déjà fait remarquer, ceux qui avaient servi à imprimer le formulaire de réception saisi en la possession de *Nouguès*. Mais les noms des principaux chefs du mouvement rattachent d'une manière bien plus intime l'insurrection à l'association organisée d'après ce formulaire, que ne le pouvait faire l'origine commune de ces deux imprimés. Signalé en 1837 par *Kaiser*, comme le chef principal de la société des Familles, *Blanqui* figure ici comme le commandant en chef de l'armée républicaine. Après lui, *Barbès, Martin Bernard, Quignot, Meillard, Nétré*, sont placés à la tête des divisions de cette armée. Ils ont été la plupart ou condamnés ou du moins poursuivis, soit comme membres d'associations illicites, soit comme détenteurs d'armes et de munitions, à l'époque où les approvisionnements de ce genre occupaient surtout la sollicitude de ces associations.

Toutefois il ne faut pas omettre de remarquer que les meneurs de ces associations avaient seulement promis à leurs affiliés, pour le jour du combat, la révélation d'un conseil exécutif, et que, dans l'ordre du jour publié par eux au moment de l'action, on voit apparaître un gouvernement provisoire. Dans ce gouvernement provisoire figurent trois des hommes qui sont désignés comme chefs supérieurs de l'armée, et ce sont : *Blanqui*, *Barbès* et *Martin Bernard*, ceux-là précisément qui sont, comme on l'a déjà vu, signalés par *Nouguès* comme les chefs des trois *années* dont se composait, suivant lui, la société des Saisons. A côté de leurs noms on lit ceux de *Voyer-d'Argenson*, de *Lamennais*, de *Dubosc* et de *Laponneraye*. Le sieur *Dubosc* a été condamné en 1838, en raison de sa complicité dans le délit de fabrication de cartouches et de détention de munitions de guerre, reproché à *Raban* et aux individus arrêtés chez lui; mais il subissait la condamnation qui lui avait été infligée, et était resté par conséquent étranger à l'attentat du 12 mai. Le sieur *Laponneraye* est un écrivain qui s'est signalé par l'obstination et par la violence de ses opinions républicaines, qui vient d'être récemment condamné à raison de délits de presse commis dans la publication du journal *l'Intelligence,* dont il est le rédacteur en chef et le gérant, mais qui est aussi resté complétement étranger aux crimes qui font l'objet de cette accusation. Quant aux sieurs *Voyer-d'Argenson* et *Lamennais*, ni les nombreuses instructions dont les sociétés secrètes ont été l'objet, ni la présente information, n'autorisent le soupçon qu'ils aient pu prendre aucune part à la conspiration ni à l'attentat.

De là résulte cette conséquence, qui n'est pas sans gravité, que les chefs de l'insurrection, au moment où ils jetaient leurs adeptes armés sur la place publique, les trompaient eux-mêmes par un mensonge, et sentaient le besoin de chercher pour leur cause un appui qu'elle n'avait point, dans l'adhésion supposée de quelques hommes dont la situation politique et le nom n'étaient point inconnus. C'étaient donc *Blanqui, Barbès* et *Martin Bernard,* qui composaient à eux seuls le gouvernement provisoire, et qui se nommaient eux-mêmes aux principaux commandements de l'armée républicaine. C'étaient eux seuls qui entraînaient à leur suite, dans leur criminelle entreprise, des hommes auxquels ils s'efforçaient de dissimuler leur isolement complet et leur folle témérité. Mais comme ceux dont ils prenaient ainsi les noms ne pouvaient être montrés remplissant le devoir que s'était imposé le conseil exécutif de paraître au jour du combat à la tête de l'association, on donnait à cette commission future le titre plus pompeux de gouvernement provisoire; et, lorsqu'aux premiers moments de l'insurrection, les affiliés se pressaient autour de *Martin Bernard,* et lui demandaient de faire connaître, aux termes des statuts, le conseil exécutif, *Martin Bernard* se voyait forcé de répondre : le conseil exécutif c'est nous. Ce propos est rapporté par l'un des accusés, le nommé *Nouguès,* qui, en confessant hautement ses opinions républicaines et la part qu'il a prise à l'attentat, se plaint des chefs qui les ont trompés, dit-il, en leur faisant croire que le peuple était avec eux.

Il est donc avéré maintenant que les premiers et les principaux auteurs des attentats des 12 et 13 mai étaient les affiliés de la société des Saisons, et qu'ils se sont jetés dans l'insurrection après avoir été convoqués et réunis par leurs chefs.

Mais les sections n'avaient point d'armes; il fallait s'en procurer : bientôt les ateliers des frères *Lepage,* situés rue Bourg-l'Abbé, sont envahis. On brise les portes, on escalade les fenêtres. On s'empare d'une très-grande quantité de fusils de chasse et de boîtes de capsules qui sont aussitôt distribuées entre les factieux. Presqu'au même moment, une malle, qui se trouvait au moins depuis le matin dans une chambre où logent ensemble, rue Bourg-l'Abbé n° 16, trois ouvriers, les nommés *Meillard, Bonnet* et *Doy*, est descendue par deux d'entre eux au milieu de la rue. Elle était pleine de cartouches préparées de manière à pouvoir servir pour toute espèce de fusils, quel qu'en soit le calibre ; on l'ouvre et on se partage les munitions qu'elle renferme.

Dès le 9 mai, *Barbès*, sous prétexte d'un prochain voyage, avait prié une dame *Roux*, demeurant rue Quincampoix, dans le voisinage de la rue Bourg-l'Abbé, de garder pendant quelques jours une malle qu'il disait contenir ses effets. Cette dame y avait consenti, et, dans la soirée du même jour, deux hommes, conduisant une voiture attelée d'un cheval, et pareille à celles qui sont en usage dans les messageries pour porter en ville les ballots et les marchandises, avaient apporté une malle qu'ils avaient déposée dans une des pièces du logement. Le 12 mai, après le pillage commis chez les frères *Lepage*, *Barbès*, armé d'un pistolet de prix et suivi d'une troupe nombreuse de jeunes gens, pour la plupart bien mis, se présente au domicile de la dame *Roux*, qui était absente. La porte du logement qu'elle occupe est forcée ; la malle est ouverte. Elle était remplie de cartouches et de boîtes de capsules, qui sont immédiatement distribuées. Pour protéger cette opération, les assaillants avaient formé, devant la porte-cochère, une barricade avec un cabriolet appartenant à l'une des personnes qui habitent la maison. Ces deux faits de distribution de cartouches confectionnées d'avance, déposées d'avance à la proximité du magasin où l'on devait trouver un dépôt d'armes considérable, suffiraient, au défaut même de tant d'autres preuves, pour montrer à tous les yeux la longue préméditation des attentats qui vont éclater. Ajoutons que, partout où s'est engagé le combat, des munitions ont été fournies à ceux qui en manquaient, et souvent de coupables provocateurs en colportaient parmi le peuple en recrutant pour la révolte.

Toutes les armes qui ont été saisies, soit entre les mains des factieux, soit dans les endroits où ils les avaient abandonnées, ont été déchargées sous les yeux d'un officier d'artillerie et en présence d'un commissaire de police. De cette opération il est résulté que les cartouches avec lesquelles ces fusils avaient été chargés appartenaient à une fabrication particulière. Les unes étaient faites avec de la poudre de chasse, les autres avec une poudre de manutention étrangère, bernoise ou anglaise, presque toutes avec du papier rose ou bleu, et les balles offrent en général un aplatissement qui paraît provenir de la forme particulière du moule dont on s'est servi pour les fondre.

Il demeure donc certain que si l'insurrection manquait d'armes, elle ne manquait pas de munitions, et l'on reconnaît l'effet de ces prescriptions des statuts qui imposaient à chaque affilié l'obligation de fournir une certaine quantité de poudre. On acquiert aussi la conviction que si, dans les temps précédents, de nombreux dépôts et même des fabrications de poudre ou de cartouches avaient été découverts et saisis par l'autorité, il en était d'autres qui avaient échappé à son active surveillance.

Peu de moments après le pillage des magasins des frères Lepage, un crime de même nature fut commis au préjudice du sieur Leyde, armurier sur le quai de Gèvres, près le pont au Change. Pour s'introduire dans sa boutique on en brisa la devanture. Sur d'autres points encore, on s'empara d'une plus ou moins grande quantité d'armes par des violences de même genre. Mais les citoyens qui, par la nature de leur commerce, possèdent nécessairement des dépôts d'armes importants ne sont pas les seuls dont le domicile ait été ainsi violé par les insurgés.

Dans plusieurs quartiers on s'introduisait de force dans les maisons pour s'emparer des fusils des gardes nationaux. On menaçait les femmes pour les obliger à livrer les armes de leurs maris, et quand les maris eux-mêmes se trouvaient présents et qu'ils refusaient d'obéir aux injonctions qui leur étaient faites, ceux des assaillants qui étaient armés les couchaient en joue et les menaçaient de la mort. C'est ainsi qu'un très-grand nombre de fusils ont été violemment soustraits dans le territoire des 4e, 5e, 6e et 7e légions. On peut affirmer que ce mode de désarmement rentrait dans le plan général de l'insurrection tel qu'il avait été tracé par les chefs : car plus d'une fois ceux qui avaient concouru à son exécution le certifièrent en écrivant le mot *désarmé* sur les portes des maisons où ils s'étaient introduits.

On se souvient que, dans leur ordre du jour aux phalanges démocratiques, les nouveaux chefs de la société réorganisée *des Familles* avaient réprouvé les insurrections purement défensives, et s'étaient réservé la direction des coups sous lesquels devaient tomber à la fois ce qu'ils appelaient les tyrans et la tyrannie. Les chefs de la société *des Saisons* sont maintenant à l'œuvre : ils ont concentré leurs pelotons; ils les ont fournis d'armes et de munitions; ils ont fait fermenter tout le vieux levain de leurs passions anarchiques. Le moment de l'attaque est venu; les combinaisons de leur stratégie insurrectionnelle vont se développer et recevoir leur exécution.

C'est vers la Préfecture de police et l'Hôtel-de-Ville, que furent dirigés les premiers efforts; si l'on tira d'abord quelques coups de fusil dans la rue Quincampoix, ce ne pouvait être que pour répandre la terreur et augmenter le désordre; il paraît même que les chefs réprimèrent ces manifestations impatientes et ils devaient comprendre en effet que ce n'était pas le moment de jeter l'alarme et de propager au loin l'inquiétude.

Les bandes armées sortirent des quartiers où elles venaient de se former par la rue des Arcis, et débouchèrent sur les quais. Une partie du rassemblement se porta sur le poste du Palais-de-Justice, en passant le pont Notre-Dame et en descendant le quai aux Fleurs. Une autre partie, pour seconder ce mouvement, suivit les quais de la rive droite, et vint attaquer le poste établi sur la place du Châtelet.

Les factieux se présentèrent devant le poste du Palais de Justice : à leur tête était un homme de haute taille, ayant une longue barbe et des moustaches, vêtu d'une redingote courte de couleur sombre, boutonnée jusqu'en haut : il était armé d'un fusil à deux coups. L'officier qui commandait le poste, le lieutenant *Drouineau,* avait été prévenu qu'il allait être attaqué ; mais il n'avait pas tenu compte de cet avis, que lui semblait démentir le calme profond qu'il voyait régner autour de lui ; et ce fut seulement quand l'attroupement armé parut aux yeux du factionnaire que les soldats reçurent l'ordre de prendre leurs armes et de se ranger en bataille devant le poste : leurs fusils n'étaient point chargés. L'officier fait quelques pas vers les factieux : le chef de ceux-ci lui intime l'ordre de rendre ses armes. La réponse ne pouvait être douteuse : *Plutôt mourir!* s'écrie le brave, auquel on ne craint pas d'adresser une proposition déshonorante. Aussitôt celui qui l'avait faite abaisse son fusil, tire successivement les deux coups presqu'à bout portant, et l'officier, qui, animé d'une confiance généreuse, s'était porté au devant des agresseurs, tombe sans vie aux pieds de son assassin. Au même instant l'attroupement fait feu sur le poste ; quatre hommes, et parmi eux le sergent, sont frappés mortellement. Cinq autres sont atteints de blessures plus ou moins graves. Privé de ses chefs, et ne pouvant répondre coup pour coup à cette décharge meurtrière, le reste se disperse. Aussitôt le poste est envahi; on s'empare des armes; et l'on retrouvera plus tard, en la possession de deux des accusés, les nommés *Guilbert* et *Roudil*, un fusil et une giberne, enlevés dans ce premier fait d'armes de l'insurrection.

Cette attaque avait eu pour but de faciliter celle de la Préfecture de police, dont les bâtiments sont contigus au Palais-de-Justice et dont l'entrée principale est ouverte sur la rue de Jérusalem. Bientôt les insurgés paraissent sur le quai des Orfèvres : quelques coups de fusil sont dirigés par eux contre l'hôtel de la Préfecture; mais des gardes municipaux et des sergents de ville placés, soit dans la cour, soit aux fenêtres des appartements, les accueillent par une fusillade si vive qu'ils n'essayent même pas d'entrer dans la rue de Jérusalem, et se dispersent en fuyant dans toutes les directions. C'est à ce moment à peu près que furent arrêtés, sur le pont Saint-Michel, les nommés *Roudil* et *Guilbert* qui, armés, l'un d'un fusil de chasse, l'autre d'un fusil de munitions, faisaient partie d'une troupe qui tirait, soit sur le quai des Orfèvres, soit sur le quai des Augustins, et protégeait ainsi l'attaque de la préfecture d'abord, et ensuite la retraite des assaillants. Tous deux furent arrêtés et désarmés par des citoyens qui les avaient vus faire usage des fusils trouvés entre leurs mains. Pendant le mouvement qui portait les insurgés sur la Préfecture, un détachement de la garde municipale à cheval accourait par le quai des Augustins. Le feu des agresseurs se tourna bientôt dans cette direction, et une de leurs balles alla frapper, au coin de la rue Dauphine, un jeune homme que le bruit inattendu de ce combat avait amené à la fenêtre d'une chambre où il travaillait. Ce déplorable accident n'est pas le seul de ce genre qui, dans le cours de ces tristes journées, ait porté le deuil au sein des familles les plus paisibles. Mais ce n'est pas ici le lieu de consigner la trop longue suite de ces douloureux récits, qui cependant feraient amèrement sentir à quel point doivent devenir odieux ceux qui allument, au milieu d'une immense population, de si détestables combats.

Repoussés de la Préfecture de police, les chefs de la sédition voyaient échouer, dans une de ses parties les plus importantes, le plan qu'ils avaient formé. L'attaque qu'ils avaient tentée, à peu près dans le même moment, sur le poste du Châtelet, n'avait pas eu plus de succès. Ils remontèrent alors vers l'Hôtel-de-Ville, où le poste n'était occupé que par les officiers de service, sept ou huit gardes nationaux et le tambour. Aucune résistance ne put leur être opposée; ils s'emparèrent du corps de garde et des armes : puis, du haut des degrés qui dominent la place, un de leurs chefs, le nommé *Barbès,* lut une proclamation qui n'était autre, peut-être, que l'ordre du jour ci-dessus rapporté, et qui, dans tous les cas, nécessairement inspirée par les mêmes passions, exprimait les mêmes provocations et les mêmes menaces.

De l'Hôtel-de-Ville, dans lequel ils ne pénétrèrent pas, et où ils laissèrent seulement une garde extérieure, les factieux se dirigèrent sur le poste établi au marché Saint-Jean. Douze hommes de la troupe de ligne le gardaient sous les ordres d'un sergent. Entourés de toutes parts dans un espace resserré et où ils ont été abordés à l'improviste, les soldats ont cependant pris leurs armes, qu'ils n'ont point eu le temps de charger, et se sont rangés en bataille devant leur corps de garde. On les somme de livrer leurs fusils, et en même temps on s'approche pour s'en saisir. Le sergent commande, avec fermeté, de croiser la baïonnette. Au même instant une décharge faite à bout portant renverse sept de ces douze hommes;

quatre d'entre eux étaient frappés à mort. Si ceux qui survivent ont échappé à la fureur des assassins, ils doivent en rendre grâce à quelques citoyens courageux, qui, indignés de cet horrible massacre, les ont arrachés à une mort certaine. C'est là qu'on a vu, faut-il le dire, l'un des factieux achever d'un coup de hache un soldat expirant.

Pendant que toutes ces différentes attaques se combinaient entre elles avec des succès divers, un système de barricades avait été établi dans la rue Planche-Mibray, soit à l'endroit où elle débouche sur le quai, soit au carrefour qu'elle forme avec la rue des Arcis et les rues de la Vannerie et Saint-Jacques-de-la-Boucherie, soit enfin à son intersection avec la rue de la Tannerie. Ce poste formait pour les insurgés un point de jonction entre les deux positions de l'Hôtel-de-Ville et de la Préfecture de police. Il assurait leur communication par le pont Notre-Dame et les quais, et si les attaques du poste du Châtelet et de la Préfecture de police avaient réussi comme celles du Palais de Justice, de l'Hôtel-de-Ville et du marché Saint-Jean, les barricades de la rue Planche-Mibray auraient complété la ligne derrière laquelle l'insurrection espérait se développer et sur laquelle elle comptait ensuite s'appuyer pour marcher à des entreprises plus hardies et plus décisives encore. Déconcertée dans quelques-unes de ses espérances, elle ne se découragea pas, et, par des attaques dirigées contre les mairies des 6e et 7e arrondissements, elle tenta non-seulement le pillage des armes qui pouvaient y être déposées, mais encore la conquête des quartiers où elle avait pris naissance et où elle prétendait établir son principal foyer.

Mais si, par la rapidité de leurs premiers mouvements, les conspirateurs avaient pu surprendre et tuer des soldats qui ne s'attendaient pas à cette guerre imprévue, ce coupable et honteux succès ne devait pas être de longue durée.

Déjà le rappel convoquait la garde nationale; la garnison prenait les armes; la garde municipale et la gendarmerie étaient accourues sur les points menacés.

La garde municipale, spécialement chargée par la cité elle-même de veiller à sa sûreté, fut debout à la première alerte. En quelques minutes, elle avait occupé le poste du Palais-de-Justice, dégagé celui du Châtelet, enlevé les barricades de la rue Planche-Mibray, chassé de l'Hôtel-de-Ville les factieux. Dans ces divers engagements, plusieurs gardes furent tués ou blessés, et un de leurs officiers fut frappé d'un coup de feu à la figure. D'un autre côté, d'autres détachements de la même troupe gardaient la mairie du 6ᵉ arrondissement, tandis que celle du 7ᵉ était préservée du pillage par la garde nationale et par les gendarmes casernés dans la rue où elle est située.

Dès ce moment, l'attaque, l'insurrection offensive, étaient réprimées, et les séditieux réduits à se défendre; mais ils se retiraient derrière des barricades construites dans les quartiers intérieurs qui ont le triste privilége d'être choisis par eux pour champs de bataille. Là encore se manifestait l'esprit de calcul et de combinaison qui avait présidé aux dispositions de cette funeste journée. Les barricades n'avaient pas été élevées au hasard: formées par tant de mains différentes, elles paraissent appartenir à un système de défense étudié, et il suffira de jeter les yeux sur le plan qui en a été dressé pour reconnaître à la fois les chefs à leur pensée, et une troupe disciplinée à son obéissance. Ces barricades, qui s'étendaient d'une part jusques à la rue du Coq et la rue Montmartre, et de l'autre jusques à la Rotonde du Temple et la rue Saint-Louis, s'appuyaient les unes sur les autres avec une sorte d'ensemble, et se coordonnaient toutes au plan d'attaque qui avait d'abord été mis à exécution. Les barricades qui ont été le plus obstinément défendues sont celles qui, formées dans la rue Grenétat, dans la rue aux Ours et dans la rue Saint-Magloire, paraissent avoir été le dernier refuge et le dernier espoir des chefs principaux de la conspiration.

Elles ont été attaquées dans la soirée du 12 mai, et enlevées par les efforts réunis de la garde nationale, des troupes de la garnison et de la garde municipale. C'est avant l'attaque de la barricade de la rue aux Ours qu'a été tué, dans la rue Saint-Denis, en face de cette barricade, un maréchal des logis de la garde municipale, vieux soldat autrefois gratifié d'un sabre d'honneur sur le champ de bataille de Zurich, décoré de la Légion d'honneur à la création de l'Ordre, digne vétéran de nos grandes armées, honoré et chéri de ses camarades et de ses chefs : on verra plus tard dans quelle circonstance et de quelles mains il a reçu la mort. Non loin de là, à l'attaque d'une autre barricade, un officier du 7e de ligne perdit la vie; le colonel du 53e et un capitaine du même régiment furent blessés. Dans tous les rangs des défenseurs de l'ordre public et des lois, dans la garde nationale, dans l'armée, dans la garde municipale, des citoyens généreux ont acheté de leur sang la répression de ces odieux attentats.

Cependant, sauf quelques désordres partiels, l'insurrection paraissait vaincue, et la ville rentrait dans le calme. Pendant la nuit, les troupes restèrent sous les armes, et rien ne fit craindre une nouvelle agression. Dans la matinée du 13, cet état de tranquillité se maintint, et, lorsque le Prince royal parcourut toute la ligne des boulevards et des quais, il ne recueillit sur son passage que des témoignages de respect et de dévouement. La plus grande partie des troupes regagnèrent leurs casernes.

Mais, plus tard, de nouveaux symptômes d'agitation éclatèrent. Des barricades furent construites dans quelques rues : on ne les défendait pas; mais à peine la force armée qui les renversait s'était-elle éloignée, qu'on les élevait de nouveau. Des postes, abandonnés, furent démolis ; on brisa des réverbères. Le bruit alarmant d'une recrudescence de l'émeute se répandait surtout dans le quartier du Temple, et trouvait créance dans les esprits ébranlés encore par les attentats de la veille. Une foule immense de curieux, qui s'étaient portés vers les localités plus spécialement signalées dans les récits dont ces crimes fournissaient la matière, offrait aux factieux comme une sorte de protection toute matérielle, qui pouvait encourager de nouvelles tentatives : il fallut reprendre une attitude militaire qui pût imposer.

Parmi les désordres qui ont marqué cette dernière journée, un seul fait doit trouver ici sa place, parce qu'il est le seul qui se rattache à la présente accusation. Entre une et deux heures de relevée, on fut informé qu'on essayait de construire une barricade rue du Temple. Le commissaire de police du quartier, qui, assisté seulement de quelques-uns de ses employés, essaya de s'y opposer, fut maltraité, et son secrétaire fut blessé d'une manière assez grave. Bientôt quelques lames de sabre et de fleuret furent enlevées chez un brocanteur du Temple : on se présenta ensuite au domicile de quelques gardes nationaux, et on s'empara de leurs fusils. Ce rassemblement d'insurgés n'était pas nombreux ; mais sa confiance s'augmentait peut-être par le bruit répandu qu'un attroupement considérable allait attaquer la caserne des Minimes ; et d'ailleurs ceux qui le composaient se montraient fidèles au système mis en œuvre la veille sur une plus grande échelle, en essayant de faire naître le désordre par le désordre lui-même. Des détachements de gardes nationaux, de troupe de ligne et de gardes municipaux se mirent à leur poursuite. Dans la rue Saint-Louis une fusillade s'engagea. Les insurgés la soutinrent pendant quelques instants, en se retirant toutefois par les rues voisines, et ils se virent bientôt obligés de se disperser.

Plusieurs des accusés ont été arrêtés à la suite de cet

engagement. Les circonstances qui établissent la part que chacun d'eux a pu y prendre seront ultérieurement exposées.

Tels sont, dans leur ensemble et dans leurs principaux détails, les faits par lesquels la *Société des Saisons*, conduite par ses chefs, a essayé d'atteindre le but de son institution et de parvenir à l'application de ses doctrines. Nous savons qu'on y jurait haine à la royauté, qu'on y sapait toutes les bases de l'organisation sociale, qu'on y recrutait, qu'on y disciplinait, qu'on y approvisionnait une armée, et que, comptant sur un jour de victoire, on y préparait incessamment un jour de combat.

Cette lutte impie a été engagée; on s'est efforcé d'y entraîner le peuple; on a débuté par le pillage, on a poursuivi par l'assassinat. Pendant plusieurs heures, les rues de la cité ont été arrosées du sang des citoyens. Voilà les œuvres des conspirateurs; voilà les crimes dont la justice a droit de leur demander compte.

Il a déjà été dit que l'un des accusés, le nommé *Nouguès*, signalait *Blanqui*, *Barbès* et *Martin Bernard*, comme les principaux chefs de la *Société des Saisons*, et, par suite, comme ceux de l'insurrection. *Nouguès* est un jeune compositeur d'imprimerie déjà poursuivi en 1836 pour avoir coopéré à une tentative qui avait pour but de favoriser l'évasion de *Blanqui* alors arrêté, en l'arrachant, dans le Palais-de-Justice, des mains d'un gendarme qui le reconduisait en prison après un interrogatoire. *Nouguès* prétend n'avoir jamais appartenu à la *Société des Saisons*; mais il en connaît, dit-il, toute l'organisation, parce qu'il a des relations nombreuses et intimes avec des hommes qui y sont affiliés, et notamment avec *Martin Bernard*. Deux lettres saisies, l'une à son domicile, l'autre chez la personne à qui elle avait été adressée, attestaient la part qu'il avait prise aux attentats du 12 mai. Deux fusils, dont l'un provient du pillage commis dans les magasins des frères *Lepage*, et dont l'autre a la crosse cassée, ont été également saisis cachés dans le lit d'une femme avec laquelle il avait eu les rapports les plus intimes, et chez qui, après le combat, il les avait lui-même apportés. Sa culpabilité, ainsi démontrée, n'avait point besoin d'être confirmée par ses aveux. Il convient qu'il était au pillage de la rue Bourg-l'Abbé, à l'attaque du poste du Châtelet, à l'attaque de l'Hôtel-de-Ville, à l'attaque du marché Saint-Jean, où il a tiré sur le poste, et enfin derrière les barricades de la rue Grenétat, où il a encore tiré quelques coups de fusil. Il avoue même que, poussé par un sentiment de remords et de pitié, il a imploré le pardon de l'un des soldats frappés mortellement au marché Saint-Jean, ce qui indique qu'il se considérait comme personnellement coupable de cet homicide. Sa franchise, si complète en ce qui le concerne, n'est pas sans réserve en ce qui concerne les autres. Il lui impose des bornes qu'il ne craint pas de faire connaître. Il dit hautement qu'il ne veut pas consentir à jouer le rôle de délateur, et que s'il parle de ce qu'ont fait *Blanqui*, *Barbès* et *Martin Bernard*, c'est parce qu'il ne dit rien à cet égard qui ne soit de notoriété publique.

Il semble donc qu'on peut le croire quand il affirme que *Blanqui* était l'un des chefs les plus influents de l'insurrection, et qu'il l'a vu rue Bourg-l'Abbé, au moment du pillage des armes, à l'Hôtel-de-Ville, et à l'attaque de la mairie du 6e ou du 7e arrondissement; quand il ajoute que *Martin Bernard* était aussi un des chefs, et qu'il l'a vu *presque dans tout le courant* de la marche du rassemblement dont il a fait lui-même partie; quand il signale enfin *Barbès* comme ayant été constamment à la tête de ce même rassemblement.

Ces déclarations sont d'ailleurs confirmées par des preuves qui leur apportent le plus solide appui. On ne rappellera pas ici ce qui a été ci-dessus exposé des antécédents de ces trois hommes, ni des relations de *Blanqui* avec *Barbès,* ni de cette correspondance, dont un indice a été surpris, et qui était contemporaine de ces premières agitations qui ont pu faire croire que le moment était venu de tout oser. On ne dira pas non plus que le signalement donné de l'un des agresseurs de l'Hôtel-de-Ville paraît se rapporter à *Blanqui.* Mais ne suffira-t-il pas d'énoncer que, le 10 mai, il a quitté son habitation de Gency, près Pontoise, qu'il est venu à Paris, qu'il y a passé chez un parent la journée du 11, et que depuis le 12 il n'a pas reparu, pour convaincre de sa coopération à l'insurrection tous ceux qui connaissent le rôle actif qu'il a joué dans les faits qui l'ont préparée? On ajoutera seulement que, dans ses papiers, on a trouvé des listes de tous les plombiers et armuriers de Paris, indiquant leurs noms et leurs adresses. *Martin Bernard* n'a pas reparu non plus dans son domicile depuis le 12 mai. Il se cache comme *Blanqui* parce qu'il est coupable comme lui.

Quant à *Barbès,* qui a été arrêté dans la soirée du 12 mai, et qui a pu être confronté avec les témoins, les charges élevées contre lui par l'information sont si graves que les déclarations même de *Nouguès* ne peuvent y rien ajouter.

Trois jours avant l'insurrection, il a déposé chez la dame *Roux,* rue Quincampoix, dans le voisinage du magasin d'armes qui depuis a été pillé, une malle pleine de cartouches et de boîtes de capsules.

C'est sa main qui a tracé le billet trouvé dans les vêtements du nommé *Maréchal,* et qui indiquait le lieu et l'heure où devait se réunir la division à laquelle *Maréchal* appartenait.

Il était à la tête du rassemblement qui est entré chez la dame *Roux* en son absence et après avoir brisé la porte de son logement, pour prendre les cartouches qui y avaient été déposées.

C'est lui enfin qui commandait la troupe par laquelle a été assailli le poste du Palais-de-Justice. Au signalement donné du chef de cette troupe, il était impossible de ne pas reconnaître *Barbès,* et, parmi les témoins auxquels il a été représenté, il en est cinq qui ont certifié l'identité de la manière la plus positive. L'un d'entre eux a prêté son témoignage avec une émotion qui le rend plus imposant encore. On doit donc considérer comme constant que *Barbès* est l'homme qui a sommé le lieutenant Drouineau de rendre ses armes, et qui, sur son refus, lui a donné la mort.

Enfin *Barbès* a été arrêté dans la soirée du 12 mai, peu de temps après que les dernières barricades élevées dans le quartier Saint-Martin venaient d'être renversées. On l'a vu cherchant à s'échapper du dernier champ de bataille de la sédition, de l'une des rues où elle s'était concentrée et où elle avait été cernée. Ses mains étaient noircies de poudre; le sang coulait d'une blessure qu'il avait reçue à la tête, et deux autres blessures plus légères attestaient cependant l'opiniâtreté de sa résistance.

Faut-il ajouter que, quand il se vit arrêté, il demandait la mort aux gardes municipaux qui l'emmenaient; qu'il disait à un officier de la garde nationale : « Vous ne pou-« vez me rendre que deux services, me laisser libre ou me « tuer, » et que, bientôt transporté à l'hôpital Saint-Louis, il essayait de s'y cacher sous un faux nom?

Lorsqu'il est ainsi prouvé que *Barbès* a pris la part la plus active aux attentats du 12 mai, et qu'il faut même lui imputer l'un des plus odieux assassinats dont leurs auteurs se soient souillés, hésitera-t-on à croire *Nouguès* quand il ajoute que *Barbès* était à l'Hôtel-de-Ville, et qu'il y a lu une proclamation; quand il affirme que *Barbès* dirigeait encore cette attaque du marché Saint-Jean, qui se présente avec des caractères si tristement semblables à ceux qui ont marqué l'attaque du Palais-de-Justice?

Aussi *Barbès*, quoiqu'il ait constamment refusé de donner aucune explication dans les interrogatoires qu'il a subis, a cependant fait une sorte d'aveu de son crime dans la première phrase qu'il a prononcée devant le juge. On lui demandait son nom : « On me connaît bien, répon-« dit-il; vous comprenez qu'entre vous et moi ce serait « une mauvaise comédie : on sait bien ce que je veux; je « dois être résigné aux conséquences de ce que j'ai fait. » Cette même pensée, il la reproduit plus tard en d'autres termes quand il dit : « Entre vous et nous, il ne peut pas « y avoir de véritable justice, et je ne veux pas prendre « un rôle dans le drame qui va se jouer : vous êtes les « hommes de la royauté, et moi le soldat de la cause de « l'égalité. »

Oui, sans doute, on sait ce que veut *Barbès* et de quelle cause il est le soldat : on sait aussi par quelles voies il a marché à son but, par quels moyens il s'est efforcé de l'atteindre. Organiser sourdement la guerre contre les lois et le gouvernement du pays, préméditer le pillage et le meurtre, s'armer à l'improviste, surprendre à leur poste et frapper en assassin les agents de la force publique, ce sont là des actes dignes sans doute de la cause au soutien de laquelle ils étaient commis. Mais que leurs coupables auteurs n'espèrent pas en purifier la source, ni en voiler l'odieux caractère, en se proclamant les ennemis de la société au sein de laquelle ils vivent, et en brisant de leurs mains le joug des devoirs imposés à tout homme et à tout citoyen! Qu'ils sachent bien que nul ne peut, sur la foi de ses idées, de ses sentiments, de ses opinions, quelles qu'elles soient, légitimement disposer de la vie d'un seul homme et s'arroger le droit de répandre son sang! Les lois de la morale et de la justice ne fléchissent pas au gré des sophismes impies et des passions désordonnées. Coupable envers la société, coupable envers l'humanité de l'un des plus odieux attentats qui se puisse commettre, un conspirateur, un meurtrier, ne relève ni de son propre jugement, ni de celui des conciliabules mystérieux où son crime a été tramé. C'est la société, c'est l'humanité qui le juge, et il subira, quoi qu'il dise, le double arrêt qui sera porté par la justice sociale et par la conscience publique.

On a déjà vu que le premier fait important du 12 mai fut celui des diverses distributions de cartouches au moment de la prise d'armes des révoltés.

Nous n'avons rien à ajouter à l'égard de celle qui s'est consommée rue Quincampoix. Mais trois accusés figurent au premier plan de celle qui eut lieu rue Bourg-l'Abbé, lors du pillage des frères *Lepage:* ce sont *Jacques-Henri Bonnet, George Meillard* et *Doy.*

Ces accusés, tous trois Génevois, tous trois graveurs de profession, demeuraient ensemble dans le même logement, rue Bourg-l'Abbé n° 16. C'est de là, comme on l'a vu, qu'avait été apportée une malle pesante pleine de cartouches dont le partage eut lieu au milieu de la rue.

Cette circonstance était grave. Elle prouvait l'existence d'un concert antérieur, l'initiation à ce concert des hommes à qui le fait de la distribution appartenait, et leur coopération criminelle aux préparatifs essentiels de l'attentat.

La rumeur publique désigna les trois accusés comme les auteurs de cette distribution. Deux d'entre eux avaient pris la fuite; *Bonnet* seul fut arrêté. Après quelques hésitations et quelques réticences, il convint du fait en lui-même. Il fut contraint aussi d'avouer que c'était *Meillard* et lui qui avaient descendu la malle dans la rue. Là s'arrêtèrent ses aveux. Il prétendit que la malle venait de *Meillard*, qui lui en avait laissé ignorer le contenu, ainsi qu'à *Doy*. Mais la communauté de vie qui existait entre eux trois ne permet pas de prendre au sérieux une allégation qui s'attache à un absent, pour justifier, sans danger pour lui, l'intervention de celui-là seul que la justice a pu arrêter.

La journée du 12 mai fut employée par *Bonnet*, de manière à ne pas laisser de doute sur la culpabilité de ce premier acte. Après avoir pris part à la distribution des cartouches, il se mêla au milieu de la distribution des armes pillées. De là, on le revit encore au moment où l'insurrection éclatait, rue Saint-Martin, rue Saint-Merry, rue des Arcis, à l'engagement de la rue de la Vannerie, et au marché Saint-Jean au moment du massacre du poste. A cet égard, les faits sont acquis à l'accusation par l'aveu même de l'accusé. Il cherche à s'en justifier en soutenant qu'il ne s'est rendu sur tous ces points que par curiosité; mais c'est là évidemment le dernier expédient d'une défense sans espoir, de la part d'un homme auquel se rattache invinciblement le fait des munitions de guerre préparées par l'insurrection.

Une dernière circonstance s'élève encore contre l'accusé *Bonnet*. Il a été positivement reconnu comme étant l'un de ceux qui ont concouru à la prise de possession du poste de l'Hôtel-de-Ville. C'est là une nouvelle démonstration de tout ce qu'il y a eu d'actif dans sa participation aux premiers actes de la révolte.

La position des deux contumaces est exactement semblable à celle de *Bonnet*. *Doy*, en effet, est signalé par cette communauté de vie dont nous parlions tout à l'heure, par l'impossibilité qu'il ait pu ignorer les préparatifs de la lutte, la fabrication des cartouches et leur dépôt dans la chambre commune, par les rapports de tous les instants qu'il a eus, dans la journée du 12, avec *Meillard* et *Bonnet*, et enfin par sa fuite dès le soir même.

Quant à *Meillard,* qu'accuse aussi, et sa fuite et la possession de la malle, et la déclaration si positive de son coaccusé, il l'est bien plus énergiquement encore par les autres circonstances de l'instruction. Son nom est l'un de ceux que l'ordre du jour donne pour drapeau aux sectionnaires. Par cet ordre du jour, il est nommé *commandant de l'une des divisions des armées républicaines.* *Nouguès* l'a représenté, en effet, comme l'un des chefs de l'association. Il paraît enfin positif qu'il a été blessé à la jambe à l'attaque de la barricade Grenétat. Aucun doute ne peut donc protéger ces trois accusés.

Après le pillage des magasins d'armes, les factieux se portèrent sur le Palais-de-Justice, et l'on sait, par l'examen des charges produites contre *Barbès,* tous les détails de cette horrible scène. L'accusation place à côté de lui, comme ayant fait partie de la bande qu'il commandait à ce moment et à l'attaque de la Préfecture de police, les nommés *Louis Roudil,* ouvrier en parapluies, âgé de 19 ans; *Hippolyte-Grégoire Guilbert,* corroyeur, âgé de 37 ans, et *Joseph Delsade,* tabletier, âgé de 32 ans.

La participation de *Roudil* aux actes si coupables qui ont été commis à ce moment est attestée tout d'abord par les circonstances mêmes de son arrestation. Il était porteur, en effet, d'un fusil de chasse à deux coups et d'une giberne ensanglantée qu'il avait placée sur sa blouse. Il avait en outre, dans un mouchoir qui ceignait ses reins, sept paquets de cartouches, des balles et des capsules. Le fusil, l'un de ceux qui avaient été enlevés à la maison *Lepage,* démontrait, comme les cartouches, que *Roudil* se trouvait rue Bourg-l'Abbé à l'heure du pillage et au moment du partage des munitions. La giberne, reconnue plus tard pour celle qui avait été enlevée au poste du Palais-de-Justice au fusilier *Phorbel,* établissait qu'il avait marché avec la révolte de la rue Bourg-l'Abbé jusqu'à ce poste. Le lieu de son arrestation, qui a été opérée près du pont Saint-Michel, indiquait encore qu'il ne s'était point arrêté là, et qu'il avait voulu être présent à l'attaque de la Préfecture de police.

Roudil se défend en soutenant qu'en tout cela il a cédé à la violence. Ainsi, ce serait par la violence qu'on lui aurait remis un fusil, qu'on l'aurait chargé d'un nombre considérable de cartouches, qu'on aurait attaché ces cartouches autour de lui, qu'on l'aurait déterminé à suivre la bande des factieux de la rue Bourg-l'Abbé à la Préfecture, qu'on l'aurait contraint à rester en spectateur au massacre du Palais-de-Justice, et à s'emparer de la giberne de l'un des soldats désarmés, qu'on l'aurait enfin entraîné jusqu'après le pont Saint-Michel.

L'instruction n'avait pas à prendre la peine de répondre à un pareil système. Il est devenu, depuis, le moyen de défense de presque tous les inculpés; mais il n'est pas possible qu'il ait été jamais présenté avec plus d'audace et moins de chance de succès. Les faits les plus graves se sont d'ailleurs unis à sa propre invraisemblance pour le condamner. Le premier démenti résulte de l'état même du fusil : il venait de faire feu. Plusieurs témoins ont vu en effet *Roudil,* qui se trouvait après le pont Saint-Michel, sur le quai des Augustins, tirer sur les bâtiments de la police et sur les gardes municipaux de service au quai des Orfèvres. C'est au moment même où la fusillade continuait, et alors qu'il se trouvait en flagrant attentat, qu'il a été arrêté. A ce moment il n'avait pas recours au mensonge pour se justifier. Il était, au dire des témoins, dans un état de vive exaltation, cherchant, par une résistance opiniâtre, à s'arracher de leurs mains, et criant qu'il combattait pour la liberté. Est-ce là ce rôle purement passif que l'accusé voudrait s'attribuer aujourd'hui?

Un dernier mot cependant à son égard. L'on vient de voir qu'il avait sur sa blouse la giberne du fusilier *Phor-*

bel. Nous devons ajouter que le malheureux *Phorbel* avait été assassiné avant d'être désarmé. *Roudil* est-il l'auteur personnel de ce lâche attentat? L'instruction n'a pu éclaircir ce point. Mais lui, qui s'est armé des dépouilles de la victime, n'est-il pas désigné par là même comme le meurtrier? N'a-t-il pas du moins partagé la responsabilité de ce crime commis à son côté, et dont la perpétration n'a été pour lui qu'un motif nouveau de fureur anarchique?

L'accusé *Guilbert* est dans une situation semblable à celle de *Roudil*. C'est dans le même lieu qu'il a été arrêté après une vive résistance; c'est après qu'il eut pris part au même engagement, et après qu'il eut tiré sur le quai des Orfèvres, qu'on a fini par s'emparer de lui, le désarmer et le conduire à la Préfecture de police. Ces faits, constatés par des témoignages précis, ont reçu leur confirmation de l'examen même du fusil dont il était porteur. C'était un fusil de munition, ayant fait feu à une époque toute récente, et ce fusil appartenait à l'un des soldats de service au poste du Palais-de-Justice. Tout se rencontre donc ici pour unir, par les liens judiciaires, comme ils l'ont été par le crime, et *Roudil* et *Guilbert*.

Placés dans une situation aussi identique, ces hommes devaient se rencontrer encore dans leurs moyens de justification. Aussi *Guilbert* s'est-il empressé de répondre aux témoignages par un démenti, et d'expliquer la possession du fusil, sinon par la violence, du moins par le hasard et la fatalité. A l'en croire, il serait entré dans une allée de la rue de la Vieille-Draperie, y aurait trouvé un fusil et des cartouches, s'en serait emparé et aurait été arrêté au moment où il cherchait à s'en défaire en les offrant aux passants. Une telle réponse n'a pas besoin de réfutation.

Joseph Delsade s'est trouvé, comme *Roudil* et *Guil-*

bert, à l'attaque du poste du Palais-de-Justice et de la Préfecture de police : deux circonstances sans réplique, unies à son aveu même, l'ont démontré.

Delsade a été reconnu. Au moment où le feu de la préfecture dispersait les factieux, il a été vu, étant en quelque sorte à leur tête, et se dirigeant avec eux par le quai des Orfèvres, vers la rue du Harlay. Un seul témoin a déposé de ce fait; mais les circonstances mêmes de la confrontation donnent à sa reconnaissance un caractère particulier de certitude. *Delsade* était connu dans le quartier; il avait longtemps fréquenté un café tenu, rue de Jérusalem, par son beau-frère, de telle sorte qu'à son égard, l'erreur était impossible.

Delsade, pour se défendre contre un tel témoignage, a nié s'être trouvé sur le quai des Orfèvres à l'heure indiquée par la marche de la sédition, et a cherché à appuyer cette dénégation d'un *alibi;* mais cet *alibi* lui a manqué, et la déclaration si positive du témoin entendu en a reçu une force nouvelle.

La seconde circonstance relevée par l'instruction est plus décisive encore. C'est le flagrant délit avec toute son autorité; vers cinq heures, *Delsade*, accompagné de deux individus qui sont demeurés inconnus, s'est présenté à l'une des boutiques de la rue Oblin, n° 1, et a demandé, avec la précipitation d'un homme poursuivi, qu'on voulût bien recevoir en dépôt trois fusils et une baïonnette. Sur le refus des maîtres de cette boutique, il s'adressa à la femme *Champagne* et la força, en quelque sorte, à accepter ce dépôt. L'origine de la baïonnette et de deux des fusils est restée inconnue. Mais le troisième a été reconnu par le sieur *Lepage*, comme provenant de ses magasins. L'accusé, qui comprend bien tout ce qu'il y a de décisif dans ce fait, s'en défend par une dénégation; mais trois témoins le reconnaissent d'une manière si affirmative, que cette dénégation ne saurait préoccuper un instant.

A ce moment *Delsade*, qui proteste aujourd'hui de son innocence, ne resta pas assez maître de lui, et l'aveu de son crime lui échappa. Au moment où il déposait ses armes chez la femme *Champagne*, il expliqua la hardiesse de sa démarche en disant qu'il venait de se battre au poste du Palais-de-Justice. Cet aveu est formellement rappelé par le témoin, et nous devons ajouter que deux des militaires de ce poste croient pouvoir reconnaître *Delsade*, sans rien affirmer toutefois, comme ayant fait partie du rassemblement armé qui est venu les attaquer.

Delsade ne fut pas arrêté sur le lieu même de cette double attaque et il continua à prendre la part la plus active et la plus criminelle aux troubles du dimanche. Dans la soirée, il se trouvait aux abords de la rotonde du Temple au fort de l'insurrection. Il y fut arrêté dans un cabaret d'où plusieurs coups de feu furent tirés sur la troupe au moment où elle se présenta pour s'en emparer. *Delsade*, qui prit part à la défense de ce cabaret, fut blessé d'un coup de baïonnette dans la lutte. A ce moment il n'avait pas de fusil; mais ses mains étaient noires de poudre et elles en exhalaient l'odeur, comme s'il venait de faire usage d'une arme à feu. C'est toujours par un démenti qu'il a cherché à repousser cette preuve nouvelle : mais l'affirmation du témoignage est encore venue lui répondre à cet égard.

Il est donc certain maintenant que, lié au pillage d'armes par l'un des fusils saisis, il est lié également aux faits les plus graves et les plus divers de la première journée de la révolte. La persévérance si coupable de cet accusé n'a du reste rien qui doive surprendre, aujourd'hui que l'exaltation de ses opinions républicaines est connue. C'était un homme si dangereux par ses paroles, avant de l'être devenu par ses actes, que son beau-frère avait été dans la nécessité de l'expulser de sa maison.

Après les crimes du Palais-de-Justice et de la Préfec-

de police, le premier fait qui se présente, dans l'ordre des mises en accusation, est relatif au massacre du marché Saint-Jean. Nous ne pouvons avoir la pensée de revenir sur les détails de cette déplorable scène, dans laquelle sept militaires sans défense sont tombés, frappés à bout portant, sous le feu de lâches assassins. Mais, à ceux des accusés déjà signalés comme ayant pris part à ce massacre, il faut encore joindre le nommé *Jean-Antoine Mialon,* terrassier, âgé de 56 ans.

Un renseignement précis l'avait signalé; il avait été reconnu au milieu de la bande qui s'est portée sur ce point par l'un des hommes qui en faisaient partie, le nommé *Jean Bussy,* manouvrier, travaillant d'ordinaire aux constructions de l'Hôtel-de-Ville. *Bussy* était entré, à cet égard dans les plus petits détails. Il avait dit notamment que non-seulement *Mialon* s'était trouvé dans le rassemblement qui a enlevé le poste du marché Saint-Jean, mais qu'il avait fait feu sur ce poste.

Mialon a nié ces faits; mais comment *Bussy* aurait-il pu se tromper? Ce n'était pas la première fois qu'il se rencontrait avec l'accusé; sans avoir de relations avec lui, il le connaissait de vue, et cela se comprend d'autant mieux, que *Bussy* travaille à l'Hôtel-de-Ville, et que *Mialon* demeure vis-à-vis le pont d'Arcole, quai Napoléon, n° 29. C'est donc une vérité acquise que celle qui ressort d'un pareil témoignage.

Ce n'est pas tout cependant. Un témoin, non moins important que *Bussy,* est venu confirmer la déclaration de ce dernier; ce témoin, c'est le caporal du poste attaqué. Il a vu aussi dans *Mialon* l'un des hommes qui ont enlevé le poste, et il s'est accordé avec *Bussy,* pour le signaler comme l'un de ceux qui se sont présentés armés de fusils.

Ce témoignage est d'autant plus précieux, qu'il a été prêté avec le plus grand scrupule. Dans une première confrontation, *Mialon* n'avait pas été reconnu. Il portait alors un costume tout différent de celui dont il était revêtu le dimanche. Mais, lorsqu'on l'eut contraint à reprendre ce premier vêtement, le caporal n'hésita plus, et il le signala positivement avec tous les détails qui ont si bien précisé sa déposition.

Toutefois, ce ne fut pas là, pour *Mialon*, le dernier acte de la journée. Après que le poste eut été occupé et désarmé, il suivit le mouvement insurrectionnel et se rendit, toujours en armes, dans le centre de ses barricades. Il avait pris place au milieu des révoltés, à la barricade Bourg-l'Abbé. Il y était à peine arrivé, que le maréchal des logis *Jonas*, commandant un piquet de garde municipale à cheval, qui suivait la rue Saint-Denis, s'avança seul, de quelques pas, dans la rue aux Ours, pour faire une reconnaissance. *Mialon* l'aperçut; il appuya le canon de son fusil sur la caisse d'une voiture renversée au milieu de la barricade, visa avec le plus grand sang-froid, en disant, d'un accent qui, plus tard, a été reconnu : *Voyons voir si j'en descendrai un ?* et fit feu. *Jonas*, frappé au cœur, tomba roide mort. Cette mort, frappant ce vieux militaire, comme l'eût frappé la foudre, avait si vivement ému ceux qui en avaient été témoins, que l'un d'eux fut sur le point de s'évanouir. Pour *Mialon*, il conserva le même calme, rechargea froidement son arme, et froidement il ajouta: *Ne vous inquiétez pas ; je lui ai envoyé un garde national : il est dans le sommeil.*

A ce crime nouveau, *Mialon* n'a encore pu trouver d'autre réponse qu'une dénégation imperturbable. Mais que peut ici une dénégation, quand il a été reconnu par un si grand nombre de témoins, qui tous ont été affirmatifs et ont appuyé leur certitude, les uns sur son accent, les autres sur son costume, tous sur l'émotion qu'ils avaient éprouvée au moment du crime, et qu'ils ont retrouvée palpitante encore au jour de la confrontation ?

Ce qui frappe, du reste, dans cette double accusation élevée contre *Mialon*, c'est sa concordance parfaite avec tous les faits constatés.

L'on a appris qu'il était sorti, malgré la portière de sa maison, malgré sa femme et ses enfants, aux premiers coups de feu du quai aux Fleurs, et qu'il n'était rentré que vers six heures et demie. Il était donc hors de chez lui assez tôt pour le crime du marché Saint-Jean et assez tard pour le crime de la rue aux Ours.

On l'accuse d'être descendu dans la rue; d'avoir fait, à deux reprises, le dimanche, un usage bien fatal d'une arme à feu ; et, le 18, une perquisition fait découvrir chez lui une cartouche à balle et une balle.

Le dimanche il portait, de son propre aveu, une veste de velours olive : c'est par elle que les reconnaissances ont acquis ce degré d'affirmation dont nous parlions à l'instant. C'est par elle qu'elles s'aggravent encore ; car, en visitant les poches, on y découvrit un fond de poussière dans laquelle de la poudre se trouvait mêlée.

Mialon est donc intervenu au milieu de nos derniers troubles d'une façon doublement coupable par l'attentat et par le meurtre, commis avec préméditation. Il a été, comme on le voit, pour la révolte, un auxiliaire cruellement utile ; et *Mialon* n'est rien autre chose qu'un reclusionnaire libéré, condamné, pour vol qualifié, à cinq ans de reclusion et à l'exposition publique. C'est sous le coup de cette main flétrie qu'est tombé *Jonas*, soldat honoré dans l'armée depuis plus de quarante ans.

A peu près à la même heure que le meurtre dont *Jonas* avait été victime, et dans un quartier tout voisin, des faits non moins graves éclataient aux environs de la mairie du sixième arrondissement. Des armes étaient enlevées par la violence aux gardes nationaux de ces quartiers; une attaque était dirigée contre la mairie; des barricades nombreuses se formaient presque au coin de chaque rue; des engagements meurtriers avaient lieu pour la prise de ces barricades. Les nommés *Jean-Louis Lemière*, dit *Albert*, dit *Joseph*, tabletier, âgé de 23 ans, et *Fritz-Auguste-Rudolphe Austen*, bottier, ayant le même âge, ont figuré tous deux, et de la manière la plus coupable, dans cette partie de l'insurrection.

Lemière est l'un de ceux qui sont descendus sur la voie publique aux premiers coups de fusil. Il demeure rue Guérin-Boisseau, et dès trois heures et demie il sortit de son garni, malgré l'insistance de la logeuse qui en avait déjà fermé la porte. Depuis ce moment, il n'a cessé de prendre part aux troubles engagés dans son quartier, que lorsque la force publique est parvenue à les dominer. C'est par son propre aveu, tel qu'il résulte de ses conversations avec l'un de ses camarades, que la justice a reçu la preuve de sa participation criminelle aux attentats.

Dans ses interrogatoires, *Lemière* n'a pas été aussi sincère. Il est bien convenu s'être trouvé au milieu des rassemblements, les avoir suivis assez longtemps, et dans un grand nombre de rues, personnellement armé d'un fusil; mais il a voulu faire croire à cette excuse banale, la contrainte. Cette excuse, on l'a vu déjà bien souvent, manque par sa propre insuffisance. Ici encore elle doit complétement disparaître devant les éléments de preuve recueillis par l'instruction.

Lemière est l'un de ceux que les témoins indiquent comme ayant violé le domicile des citoyens pour obtenir des armes par la menace. Il était alors armé d'un fusil, et c'est comme étant l'un des meneurs qu'il est signalé.

Il était aussi à la tête de la bande qui se présenta à la

boutique d'un épicier de la rue Sainte-Avoye, cherchant à piller cette boutique sous le prétexte que cet épicier avait de la poudre et des armes : là encore *Lemière* était, suivant les témoins, un des plus exaltés.

Cette bande se dirigea vers la mairie du sixième arrondissement : il était alors entre cinq heures et cinq heures et demie. Peu après, une fusillade très-vive, et qui dura près de trois quarts d'heure, se fit entendre dans cette direction : c'était évidemment celle qui s'était engagée à la barricade de la rue Grenétat. La direction, l'heure et la durée de l'engagement ne permettent pas d'en douter. *Lemière* se trouvait donc au milieu d'une des luttes les plus opiniâtres et les plus sanglantes de l'insurrection. Tout en s'environnant de nouvelles réticences, il a été encore obligé d'en convenir, en persistant néanmoins dans le même moyen de justification. Mais comment y ajouter foi en présence de tous les témoignages et des circonstances mêmes qu'il a été contraint d'avouer?

Lemière ne rentra dans son garni que vers huit heures et demie. Il avait alors un sabre-briquet, des balles et un fragment d'étoffe rouge découpée en forme de cravate. La possession des premiers objets est une confirmation puissante de l'accusation dirigée contre lui. L'origine de cette cravate rouge est peut-être plus significative encore : elle provient, en effet, d'un coupon d'étoffe à l'aide de laquelle un drapeau avait été arboré à la barricade Saint-Magloire. Les insurgés s'étaient procuré ce coupon en menaçant de pillage un marchand de nouveautés de la rue Saint-Denis; et, après avoir élevé leur drapeau, ils s'étaient partagé cette étoffe, multipliant entre eux leur signe de ralliement. *Lemière* était porteur de l'un d'eux; il l'avait reçu à la dernière des barricades défendue rue Saint-Denis. N'est-ce pas la preuve évidente qu'il a été partout avec les révoltés; que, sorti au premier coup de feu, il n'a voulu quitter la bande à la tête de laquelle il s'était placé qu'après que le dernier effort eut été vainement tenté?

Quant à l'accusé *Austen*, sa part a été si grave et si clairement établie, qu'un mot suffira pour résumer la situation dans laquelle le place l'accusation actuelle. Au moment où l'heure de la révolte approchait, il était si impatient de ses occupations qu'il quitta brusquement la maison de son maître, sans régler son compte de semaine qu'on voulait lui solder. Pendant quelques heures l'instruction l'a perdu de vue; mais il reparaît bientôt à côté de *Lemière*, et, au milieu de l'insurrection, placé derrière la barricade Grenétat, il fut l'un de ceux qui la défendirent jusqu'au dernier moment. Suivant son coaccusé *Lemière*, *il s'était battu avec un tel acharnement, qu'on en parlait beaucoup dans le moment du combat et après le combat.* Cet acharnement se continua jusqu'au bout, et, lorsque la garde municipale et la garde nationale enlevèrent cette position, elles le trouvèrent derrière, armé d'un fusil, avec lequel il mit en joue à bout portant l'officier qui commandait le détachement de la garde municipale. Frappé d'un coup d'épée par cet officier et de plusieurs coups de baïonnette, il tomba sans être grièvement blessé, et il fut relevé au pied de la barricade où, au même moment, *Émile Maréchal* venait d'être tué. Il avait encore dans sa redingote-blouse une certaine quantité de cartouches. Lui aussi, il se défend en expliquant, par la violence dont il aurait été la première victime, sa présence sur ce point. Après l'exposé de circonstances aussi décisives, il est tout à fait inutile d'entreprendre la réfutation d'un système qui affecte un pareil dédain de la vérité.

Un épisode très-remarquable de l'attentat, se rattachant à un ordre de faits tout particulier, signala la soirée du dimanche. Quatre accusés ont à répondre de la part que chacun d'eux a prise à ces faits : ce sont les nommés *Lucien-Firmin Philippet*, âgé de 40 ans; *Joseph Walch*, âgé de 27 ans; *Jean-Baptiste Lebarzic*, âgé de 23 ans; et *Florent Dugas*, âgé de 34 ans.

Le premier de ces accusés, *Philippet*, est un ancien militaire; il a servi dans la garde municipale, de 1831 à 1833, et les renseignements transmis par ses chefs sont loin de lui être favorables : dans le cours de ces deux années, il avait subi 44 jours de consigne, salle de police, pour manquement de service, insubordination et indélicatesse, et avait été enfin rayé du contrôle.

Au moment de l'attentat, *Philippet* était contre-maître d'une filature, rue des Amandiers, dont le chef était M. *Lafleur*. Il avait sous ses ordres, comme débourreur, *Joseph Walch*, Alsacien, appartenant à une honnête famille, mais ayant peu de portée dans l'esprit, et connaissant à peine le français; et, comme chauffeur, *Jean-Baptiste Lebarzic*, qui est à peine âgé de 23 ans, et dont l'intelligence se réglait encore par la direction que *Philippet* voulait bien lui donner.

A côté de cette filature, qui n'emploie que quelques femmes et 8 hommes, se trouve un établissement fort important, situé avenue Parmentier, n° 3, et appartenant à M. *Pihet*, mécanicien. Cet établissement occupe près de 400 ouvriers : dans ce nombre se trouvait le quatrième accusé, *Florent Dugas*.

Le lendemain de l'attentat, *Philippet* rentra à la filature; mais il était triste et rêveur, et il se fit à peine voir dans les ateliers. *Lebarzic* fit disparaître, quelques jours après, les moustaches et la longue barbe qu'il avait eues jusqu'à ce moment. *Dugas* ne reparut à son atelier que le mardi : il avait découché dans la nuit du 12 au 13, et, comme *Lebarzic*, il avait coupé la barbe qu'il avait portée jusque-là. Un de ses camarades de travail, que *Walch* signale comme âgé de 17 à 18 ans, petit, ayant de très-gros yeux, et vêtu d'une blouse-redingote de couleur blanche avec ceinture, ne reparut plus. Un autre de ses camarades, le nommé *Meunier*, blessé au genou, d'une balle, mourait dans l'un des hospices de Paris. Dans le rapprochement de tous ces faits il y avait une présomption grave que quelques ouvriers des deux ateliers s'étaient mis en rapport pour prendre part à l'insurrection.

L'instruction ne tarda pas à révéler les faits les plus décisifs à cet égard, et c'est *Philippet* qu'elle signale comme le chef de cette partie du mouvement.

Les faits antérieurs à l'attentat sont contre lui d'une haute portée. *Philippet* était d'abord un ouvrier honnête et laborieux : pendant longtemps, il ne parut préoccupé que de son travail; mais, quelques mois avant les troubles de mai, il commença à s'en distraire pour se livrer à des lectures et à des conversations politiques. C'était, dans son atelier avec *Lebarzic*, dans l'établissement de M. *Pihet* avec *Dugas*, qu'il s'entretenait particulièrement à ce sujet. Plus on se rapprochait du mois de mai, plus ses propos devenaient hostiles et menaçants : il finit par parler ouvertement de conspiration, de révolte, de révolution, de république, et il en parlait non-seulement à *Lebarzic* et à *Dugas*, mais encore à l'une des ouvrières de sa filature, la nommée *Rosalie-Flore Delille*.

Bientôt *Philippet* ne se borna plus à de simples paroles; mais il se prépara sérieusement, par des actes positifs, à la réalisation des projets qu'il annonçait. Un drapeau fut préparé : ce drapeau, d'une aune et demie carrée, était un drapeau tricolore; seulement, une large bande noire avait été ajoutée : c'était le signe de ralliement de l'insurrection. En même temps, *Philippet* avait fait à chacun la part d'action qui lui était réservée. La fille *Delille* elle-même était comprise dans cette organisation : elle devait recevoir une boîte contenant des bandes et de la charpie; suivre les républicains au combat, et panser les blessés.

Ce fut après cette préméditation si persévérante, indiquant, de la part de *Philippet,* la volonté bien arrêtée de la révolte et la connaissance qu'il avait des intentions de la société des *Saisons,* que les événements du 12 éclatèrent. Ces événements le trouvèrent préparé à la lutte, et il y prit la part qu'annonçaient ses résolutions antérieures. Vers deux heures et demie, il descendit dans la rue avec *Walch, Lebarzic, Dugas* et trois ou quatre autres individus, dont deux étaient en blouse comme *Walch.* Le point de réunion fut au haut de la rue de Ménilmontant. Les insurgés se rendirent de là dans le faubourg Saint-Antoine, puis rue de Charenton, puis dans le passage de la Boule-Blanche, paraissant attendre, soit sur la voie publique, soit dans la boutique de divers marchands de vin, les distributions d'armes et de munitions, ainsi que le moment du combat. Vers sept heures, ces distributions eurent lieu; des fusils et des cartouches, en assez grande quantité, leur furent remis; soixante à soixante-dix individus se joignirent successivement à eux. Tous ensemble, ils descendirent le faubourg, s'engagèrent dans la rue Saint-Martin et dans les rues adjacentes, qui étaient alors la dernière retraite de la révolte, et firent feu, à plusieurs reprises, sur la force armée, qui les dispersa bientôt en comprimant la sédition sur tous les points. Dans toute cette action, pendant le cours de laquelle plusieurs heures s'étaient écoulées, *Philippet* avait toujours été l'un des chefs des insurgés.

Le récit de ces faits, et la part que *Philippet* a pu y prendre, avec chacun de ses coaccusés, reposent sur des preuves incontestables.

La *fille Delille* a fait connaître avec la précision la plus nette et les détails les plus affirmatifs tout ce qui pouvait se rapporter aux actes antérieurs à l'attentat.— Quant aux actes du 12 mai, la preuve en a été plus décisive encore; elle est le résultat des révélations d'un accusé, de *Joseph Walch*.

A cet égard, deux observations sont nécessaires.—La première doit porter sur la situation même que ces révélations ont faite à *Walch*.—Si elles avaient eu pour conséquence de l'absoudre, elles n'auraient mérité aucune confiance, inspirées qu'elles auraient pu être par l'intérêt personnel ; mais elles lui donnent une position toute contraire : il accuse son contre-maître et ses camarades en s'accusant avec eux; et la sincérité de son aveu va si loin à cet égard, qu'il révèle contre lui-même un fait bien coupable, que, sans lui, l'on aurait sans doute ignoré, c'est que, personnellement, il avait trois fois fait feu sur la troupe.

La seconde observation n'a pas une importance moindre. Elle est inspirée par la manière dont l'autorité judiciaire a eu connaissance des aveux et des révélations de *Walch*. *Walch* connaissait le sieur *Romazotti*, maréchal des logis de la garde municipale à cheval. C'est à lui qu'il fit la première confidence de son crime, et il fit cette confidence dans les termes mêmes qu'il a répétés plus tard à la justice. Il dit, alors comme en ce moment, que c'était son contre-maître qui l'avait entraîné; qu'antérieurement ce dernier lui avait proposé 40 sous par jour pour le déterminer à se faire inscrire sur les listes d'une société de factieux. Il parla, dans leurs plus petites circonstances, des divers actes qui avaient signalé, dans la soirée du 12, leur rencontre, leur armement, leur marche et leur participation à l'attentat. Une preuve matérielle lui restait encore, il la donna, en remettant le lundi matin, à sa sœur, cinq cartouches de pistolet et une cartouche de fusil, qu'il avait reçues, la veille, lors de la distribution faite dans le faubourg Saint-Antoine, au moment où l'on s'armait pour se rendre au combat.

En présence de cette révélation, tout est acquis maintenant contre *Walch*, qui se condamne lui-même, et contre *Philippet*, que condamnent à la fois la déclaration de la jeune ouvrière, confidente, comme *Lebarzic*, de ses projets, et celle de *Walch*, que *Philippet* n'a pas craint de jeter en complice au milieu de l'insurrection.

Philippet cependant oppose à toutes ces charges une dénégation absolue. Il a, en même temps, cherché à indiquer l'emploi de sa journée, de manière à rendre impossible son concours à l'attentat. Mais l'*alibi* qu'il invoque est resté sans justification et sa dénégation sans puissance.

Lebarzic, comme *Philippet*, a été signalé par *Walch* pour s'être trouvé au milieu de la bande commune, et ses réponses, quoiqu'elles aient été faites avec réticences, ont néanmoins confirmé les circonstances principales des révélations. D'abord il est convenu de tout ce qu'avait affirmé la fille *Delille*, et de la préparation du drapeau, dans des termes à peu près aussi explicites que cette fille. Il a avoué, en même temps, s'être trouvé, le 12, aux lieux indiqués par *Walch*, dans les conjonctures que *Walch* indique encore; il ajoute même que *Philippet* lui aurait remis le drapeau dans une enveloppe de papier bleu. Par cette déclaration se justifie de nouveau l'accusation dirigée contre ce dernier. Mais là s'arrête la sincérité de *Lebarzic*, qui a imité *Walch* dans la franchise de ses révélations, sans l'imiter dans la franchise de ses aveux. *Lebarzic* a cherché à faire croire, en effet, qu'il s'était séparé du rassemblement avant que ce rassemblement ne s'engageât dans la lutte. Mais comment ajouter foi à un retour aussi invraisemblable ? Comment l'admettre, quand *Walch*, si sincère en toute chose, affirme que *Lebarzic* est resté jusqu'au bout, et qu'il a pris part, comme le groupe tout entier, à la distribution des cartouches et à l'attentat; quand, dans les poches de la redingote qu'il portait ce jour-là on a trouvé de la poudre et de la poussière mêlées ensemble ; quand enfin il a agi comme le font d'ordinaire les coupables, en coupant ses moustaches et sa barbe, et en cherchant ainsi à rendre sans danger pour lui le résultat des confrontations judiciaires.

Quant à *Dugast,* que signale la même précaution, que signalent également son absence, le second jour des troubles, de l'atelier, et le soin qu'il avait pris de ne pas rentrer chez lui dans la nuit du dimanche au lundi, il est positivement accusé, non-seulement par *Walch*, mais par *Lebarzic* lui-même. Les détails donnés par ce dernier, à son égard, ne peuvent laisser le moindre doute, quelques efforts qu'ait pu faire *Dugast* pour les démentir. Les relations de *Dugast* avec *Philippet*, ses opinions bien connues, la violence de son langage, violence telle que M. *Piher* a cru devoir le congédier de sa manufacture, donnent d'ailleurs une grande autorité aux révélations qui s'attachent à lui. La perquisition qui a été faite à son domicile a amené un résultat complétement en rapport avec ces divers motifs d'accusation. A côté de plusieurs exemplaires du *Journal du peuple,* du journal *l'Intelligence,* d'une brochure intitulée *Philosophie populaire,* on a saisi un canon de pistolet. C'est donc à bon droit que la prévention a accepté, dans son ensemble, et pour les quatre accusés, la triple révélation dont la lumière a éclairé cette partie de l'insurrection.

Un dernier fait, différent par le jour, par le lieu, par les hommes qui y ont concouru, termine cette première série des attentats soumis actuellement à la haute appréciation de la Cour des Pairs.

Le récit des faits généraux a déjà fait connaître que le mouvement insurrectionnel, comprimé sur tous les points dès le dimanche soir, avait cherché à se reproduire le lundi. — Il avait été sans puissance dans les quartiers ordinaires de la révolte, où sa présence ne se signala que par quelques attroupements tumultueux formés dans les rues Saint-Martin, Saint-Denis, et aux environs des marchés, attroupements que les dispositions militaires parvinrent facilement à dissiper. Mais l'anarchie ne s'abdique pas aussi promptement elle-même. Elle voulut tenter par les armes un nouvel essai, et elle se réfugia dans les quartiers du Temple et du Marais, qu'elle avait occupés quelques instants la veille, et dans lesquels plusieurs engagements avaient eu lieu à l'attaque des nombreuses barricades que les factieux y avaient élevées.

Cette fois encore ils procédèrent, comme toujours, par l'établissement de barricades, le pillage des boutiques, l'enlèvement des armes. C'est ainsi qu'indépendamment des fusils et des sabres de gardes nationaux, enlevés par la menace et par la violence, ils s'emparèrent de vive force, chez un marchand brocanteur de la rotonde du Temple, de lames de sabres et d'espadons ainsi que de vieux fleurets, qu'ils démouchetèrent et aiguisèrent sur des pavés.

A la première nouvelle de ce mouvement, le commissaire de police du quartier du Temple descendit, accompagné de ses employés et chercha, par l'énergie de son intervention, à empêcher le développement de ces troubles; mais cette intervention fut méconnue: l'insurrection, s'augmentant sans cesse, se répandit en armes depuis la rotonde du Temple jusqu'à la place Royale, promenant partout avec elle le pillage et l'effroi; menaçant de son attaque la caserne des Minimes, et faisant feu sur la force armée dès qu'elle se présentait pour la réduire et la dissiper.

Toutefois, cette lutte, qui s'était concentrée dans les rues avoisinant la rue Saint-Louis, à la hauteur de l'église, ne pouvait être de longue durée : elle céda bientôt aux efforts combinés de la garde nationale, de la troupe de ligne et de la garde municipale. Cinq accusés ont à répondre aujourd'hui des crimes dont elle s'est rendue coupable; ce sont les nommés *Jules Longuet*, commis-voyageur, âgé de 23 ans; *Pierre-Noël Martin*, cartonnier, âgé de 19 ans; *Eugène Marescal*, ouvrier en décors, âgé de 33 ans; *Aimé Pierné*, chaussonnier, âgé de 18 ans; *Louis-Nicolas Grégoire*, fabricant de paillassons, âgé de 40 ans.

Jules Longuet se présente le premier, et il devait en être ainsi dans l'ordre des mises en accusations, puisqu'il en est ainsi dans l'ordre des faits.

Au moment où les insurgés cherchaient à former une barricade, rue du Temple, à l'aide d'une citadine qu'ils venaient de renverser, il était au milieu du rassemblement, et fut choisi pour chef.

Il se mit alors à la tête du mouvement, qu'il n'abandonna qu'au moment de son arrestation. C'est lui qui ordonna le pillage du marchand brocanteur; il y prit part de sa personne, et fit la distribution des armes pillées, en conservant pour lui, en signe du commandement, une lame de sabre de luxe.

Rue de Poitou, il participa au désarmement de plusieurs gardes nationaux, chargea un fusil et en amorça plusieurs au moment de la fusillade engagée au coin de la rue Neuve-Saint-François. Aussi, lorsqu'il fut arrêté, ses mains étaient noires et avaient l'odeur de la poudre.

Jules Longuet a néanmoins soutenu qu'il ne faisait point partie des insurgés; qu'il avait suivi leur marche, mais en simple curieux; que, s'il avait de la poudre aux mains c'était parce qu'il avait trouvé dans la rue un papier de cartouche qu'il avait ramassé. Ces allégations ne se défendent point par elles-mêmes. Elles sont démenties d'ailleurs, de la manière la plus catégorique, par plusieurs témoins et par l'un des coaccusés de *Longuet, Pierre-Noël Martin.*

Martin a imité *Walch*. Avant d'accuser ceux qui ont concouru à l'attentat, il a commencé par s'accuser lui-même. Il convient avoir assisté au pillage du marchand brocanteur, et aux désarmement de la rue de Poitou. Là il est constaté qu'il a tenu en joue, pour les décider par cette menace, les personnes dont on enlevait les armes. Il avoue également avoir tiré trois coups de feu sur la garde nationale; de telle sorte que, lorsqu'après cet aveu il soutient que *Longuet* faisait partie de la bande à laquelle il appartenait lui-même, l'hésitation n'est pas possible.

Martin fut arrêté dans le grenier de la maison rue Saint-Gervais, n° 2. Il avait encore, à ce moment, un fusil chargé amorcé et armé; c'était un fusil enlevé à un garde national; il avait aussi des cartouches; ses lèvres et ses mains portaient les traces visibles de la poudre et indiquaient, par là, l'usage criminel qu'il avait fait de son arme et de ses munitions.

Il avait à un doigt une légère blessure, reçue la veille, au moment où la barricade de la rue Bourg-l'Abbé avait été enlevée et détruite. A cet instant il se réfugia, avec un garçon tailleur, qu'il dit ne pas connaître, dans la maison, rue aux Ours, n° 18. Il était alors armé d'un fusil qu'il cacha dans une cave, comme fit, pour le sien, le tailleur qui l'accompagnait. De ces deux fusils, l'un avait été pris au poste de l'Hôtel de Ville, l'autre à l'attaque de la mairie du 7° arrondissement. *Martin* était donc, quoiqu'il ait cherché à atténuer quelques-uns de ces faits, dans l'insurrection depuis son début et il y est resté jusqu'à son terme.

Marescal, comme *Longuet* et *Martin*, s'est trouvé dans le mouvement insurrectionnel du quartier du Temple et de la manière la plus active. Il était au pillage de la rotonde du Temple : le marchand brocanteur l'a désigné comme l'un des plus exaltés, et comme lui ayant demandé son fusil de garde national. Au moment de son arrestation il était porteur d'un fusil de munition que les insurgés avaient enlevé, de vive force, à un charcutier de la rue de Poitou. Ce fusil n'était pas chargé, mais il venait de faire feu. C'était *Marescal* qui, après l'avoir reçu de *Martin*, l'avait tiré : aussi, lorsqu'il fut arrêté, il avait encore les mains noircies par la poudre.

Marescal, accusé par des faits si précis, ne pouvait s'en défendre que par le moyen employé par tous ceux dont la situation est sans justification possible. C'est par la contrainte, et en menaçant de le tuer comme *mouchard*, parce qu'il avait été employé autrefois à la Conciergerie et à la Roquette, qu'on l'a entraîné. Les témoins entendus et les faits matériellement constatés ont démenti cette allégation.

Pierné a été arrêté dans le même quartier, au moment où les factieux, dispersés par la force publique, s'enfuyaient dans tous les sens et par toutes les issues. Il avait, à ce moment-là même, une baïonnette cachée sous sa blouse, et il venait de laisser tomber, tout en fuyant, un fleuret démoucheté qu'il portait à la main. Ce fleuret provenait du pillage de la rotonde du Temple : *Pierné* a été reconnu par le maître du magasin pour l'un de ceux qui s'étaient livrés, avec le plus de violence et d'exaltation, à ce pillage. Il était aussi au désarmement de la rue de Poitou, car la baïonnette cachée sous sa blouse appartient à l'un des fusils qui y ont été enlevés. Il était enfin à tous les faits de l'insurrection, puisqu'on l'aperçoit au début et qu'on le retrouve encore en armes, s'enfuyant devant la force publique, au moment où l'on touchait à la répression des derniers moments de la sédition.

Pierné n'en a pas moins imité *Marescal* dans son système. C'est par hasard et en curieux qu'il était là. Il est resté étranger à la sédition comme au pillage. S'il a eu des armes en sa possession, c'est pour les avoir trouvées et ramassées dans la rue. Il invoque enfin un *alibi* en soutenant qu'il est resté jusqu'à près de deux heures chez son patron. C'était là un mensonge : son patron a déclaré, en effet, que dès neuf heures il avait disparu. L'on peut apprécier par ce fait le peu de confiance que méritent ses allégations.

Le dernier des accusés était *Grégoire*. Grièvement blessé à l'épaule gauche, il fut trouvé dans la rue des Quatre-Fils, par la compagnie de garde nationale aux soins de laquelle est également due l'arrestation de *Pierné*. Cette blessure pouvait être, comme le dit l'accusé, le résultat fatal d'un hasard; elle pouvait aussi être le résultat de la prise d'armes de *Grégoire* au milieu de l'insurrection. L'instruction a transformé en vérité acquise cette dernière hypothèse.

Les mains et la bouche de *Grégoire* étaient, au moment de son arrestation, noircies par la poudre. Cette circonstance était très-grave; elle devint décisive par le rapprochement d'une circonstance nouvelle. *Grégoire*, qui était étendu sur le trottoir à droite, près la maison n° 10, fut aperçu cherchant à glisser, sous la porte cochère, un fusil de garde national qui était par terre à côté de lui. Ce fusil était celui que l'on avait enlevé à un boulanger de la rue de Poitou. *Grégoire* s'en était armé et il l'avait encore lorsqu'il fut atteint par le coup de feu qui l'a renversé, car, selon l'expression des témoins, il le portait, à cet instant, en *balancier,* en *filant* le long de la rue.

Dans le cours de ses révélations, *Martin* a signalé un homme de trente-six ans environ, coiffé d'une casquette et vêtu d'une blouse bleue, qui l'excitait au combat en lui demandant toujours *s'il avait peur.* Comme *Grégoire* est encore à l'Hôtel-Dieu pour sa blessure, une confrontation entre *Martin* et lui a été impossible; mais le signalement donné par ce dernier se rapporte exactement à cet accusé. Ne serait-ce pas *Grégoire,* en effet, qui aurait abusé de son âge pour entretenir, dans une voie criminelle, un jeune homme de dix-neuf ans, accessible à toutes les influences comme à tous les exemples. Le débat public recherchera si cette responsabilité nouvelle doit peser sur lui.

Tels sont, dans leurs détails, les faits sur lesquels repose la présente accusation; telle est aussi la situation que l'information a faite à chacun des accusés. L'attentat s'y montre dans cette funeste origine qui lui est commune avec toutes les menées des ennemis du repos public, dans sa longue préméditation et dans les sanglantes témérités de son exécution. Les hommes que la procédure a déjà signalés comme y ayant pris une part plus ou moins active et plus ou moins coupable sont en quelque sorte les représentants des différentes classes parmi lesquelles la conspiration avait réussi à recruter des adhérents. A côté des chefs on voit figurer quelques-uns de ceux qui les ont suivis, et parmi ces derniers, on peut distinguer et ceux qu'entraîne la violence des passions politiques, et ceux qui se jettent dans le désordre comme dans un élément qui leur appartient; tous également dangereux pour la sûreté publique qu'ils tourmentent par de sourdes et continuelles menaces, quand ils ne la compromettent pas ouvertement par leurs cruelles attaques. Mais c'est à ceux-là surtout que la justice a le droit de demander un compte sévère, qui, après avoir jeté, dans leurs conciliabules, le germe de la sédition, l'ont fait grandir par les plus odieuses machinations, et qui, au moment de l'explosion dont ils ont donné le signal, cherchant dans la contagion du crime un nouveau moyen de succès, se sont montrés assassins aussi résolus qu'ils avaient été conspirateurs obstinés.

En conséquence, sont accusés :

Barbès (Armand),
Nouguès (Pierre-Louis-Théophile),
Bonnet (Jacques-Henri),
Roudil (Louis),
Guilbert (Grégoire-Hippolyte),
Delsade (Joseph),
Mialon (Jean-Antoine),
Austen (Rudolphe-Auguste-Florence),
Lemière (Jean-Louis), dit *Albert,*
Walch (Joseph),
Philippet (Lucien-Firmin),
Lebarzic (Jean-Baptiste),
Dugas (Florent),
Longuet (Jules),
Martin (Pierre-Noël),
Marescal (Eugène),
Pierné (Aimé),
Grégoire (Louis-Nicolas),
Blanqui (Louis-Auguste), absent,
Bernard (Martin), absent,
Meillard absent,
Doy absent,

d'avoir commis, à Paris, au mois de mai dernier, un attentat dont le but était, soit de détruire, soit de changer le Gouvernement, soit d'exciter les citoyens ou habitants à s'armer contre l'autorité royale, soit d'exciter la guerre civile en armant ou en portant les citoyens ou habitants à s'armer les uns contre les autres;

Crimes prévus par les articles 87, 88, 89 et 91 du Code pénal.

Sont en outre accusés, 1° *Barbès* (*Armand*), d'avoir, le 12 mai dernier et dans l'exécution dudit attentat, commis, avec préméditation, un meurtre sur la personne du sieur *Drouineau*, lieutenant au 21ᵉ régiment de ligne;

Crime prévu par les articles 295, 296, 297, 298 et 302 du Code pénal;

2° *Mialon* (*Jean-Antoine*), déjà condamné à une peine afflictive et infamante :

D'avoir, le 12 mai dernier, commis, avec préméditation, un meurtre sur la personne du maréchal des logis *Jonas;*

Crime prévu par les articles 295, 296, 297, 298 et 302 du Code pénal.

Fait au parquet de la Cour des Pairs, le 17 juin 1839.

Le Procureur général du Roi,

FRANCK CARRÉ.

www.ingramcontent.com/pod-product-compliance
Lightning Source LLC
Chambersburg PA
CBHW070249100426
42743CB00011B/2194